」和「Greece」到底是怎麼翻譯的？！◎「5」不能亂比！Ladies注意～不是每個島都可以去喔！◎
人聊這個！◎希臘神話VS羅馬神話◎不小心□出來的人氣飲料？！◎雅典遺跡參觀攻略◎在古希
聆聽音樂會！◎蓋一座神殿也要有政治考量□□少女像石柱的力學秘密！◎衛城真正的少女像在
□神殿石雕而引發的文化外交爭議？！◎奧林□克運動會為什麼4年舉辦一次？◎帕納迪奈克競技
事蹟◎東歐各國就是在這裡加入歐盟的！◎□□樂器具都是海菲斯塔斯的作品喔！◎注意你的腳下
建築柱式◎大家都想要向它致敬！◎你有看過□你版的美塔波里斯東正教教堂嗎？◎希臘竟然有
日？！◎荷馬史詩中的
家了！◎不是希臘人
術博物館◎它是雅典
就嵌在博物館的牆壁
鞋子上的大絨球是幹
命悲劇？！◎拜倫你也
□列世界遺產的三座
搶來的？！◎皮西亞

黃金王國◎希臘國家圖書
的希臘國王？◎希臘第一
娜搬來的？！◎蝦米！創辦
裡！◎帥氣的衛兵交接儀
嘛的？◎愛琴海的由來其實
太沒公德心了！◎誰是達
拜占庭修道院！◎德爾菲
慶典Pythian Games◎世

希臘：雅典
愛琴海島嶼

41 ◎ City Target

這裡！？◎取名自戰爭的運動？！◎猜猜這是□□座阿波羅神殿？◎你有聽過這幾句話嗎？◎不能
□還要先過山羊這一關？◎衝冠一怒為藍眼□□德良◎再現荷馬史詩國度的推手◎被破解的線□
◎誰是阿特留斯？◎埃皮道洛斯慶典◎□□□被父親燒死的阿斯克列皮亞斯◎醫學LOGO由此□
□運會的聖火採集儀式◎好害羞～古奧運要脫□□才能進場！◎傳說中的宙斯神像◎荷米斯懷抱酒
台灣也看的到？！◎十分罕見的自然與文化雙□世界遺產！◎暢遊梅特歐拉的4種方式◎梅特歐拉□
？◎梅特歐拉小tips◎傳說中斯巴達人的後代□□古斯巴達男人不好當呀…◎穿好鞋子、裝滿水瓶
發！◎米斯特拉「成也斯巴達、敗也斯巴達」□□□雙好鞋、做好防曬，準備出發！◎神殿的等腰三角
◎對國家非常有貢獻的伊卓島富商們◎米克□斯島的「港口檢察長」◎超低調的LV專賣店！◎白□
□走不迷路！◎別怪我沒提醒你～別搶第一排□□奶油教堂？棉花糖教堂？這教堂難道可以吃？！◎
□怎麼能少得了陽光沙灘？◎注意安全！注意安全！注意安全！◎教你3座藍頂教堂一次入鏡！◎□
□蘭提斯 The Lost Atlantis◎聖托里尼□□□□中□別讓驢子累壞了喔！◎難怪大家都想來□
～◎到全世界最美書店之一──「Atlantis Books」◎聖托里尼的葡萄酒◎阿波羅神的誕生◎納克□
□酸酒「Kitron」！◎納克索斯的神話◎沒喝□□服「驢子啤酒」就落伍了！◎Nikos Kazantzakis小□
利亞峽谷縱走◎宙斯為求愛變成一頭牛？！□□這麼長的名字誰記得住？難怪叫「獅子廣場」～◎
□泳怎麼會成為噴泉主角？◎雙斧標誌與迷宮之謎？！◎雅典人為什麼每年要「送餐」給Minotaur□

MOOK

希臘：雅典 愛琴海島嶼

41

◎ City Target

contents

行前大補帖——希臘

前進雅典先看這裡

雅典景點名人堂

愛琴海島嶼景點名人堂

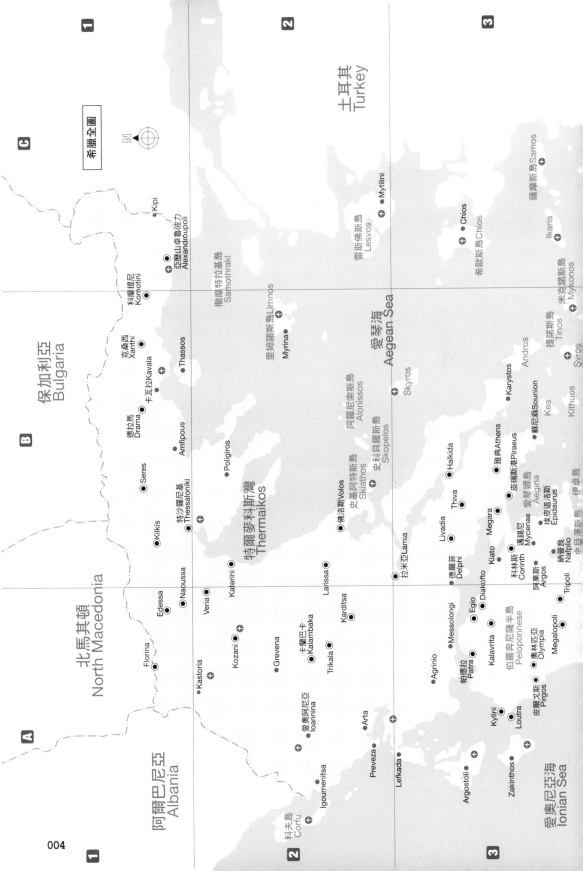

希臘全圖

N

阿爾巴尼亞
Albania

北馬其頓
North Macedonia

保加利亞
Bulgaria

土耳其
Turkey

科夫島
Corfu

Igoumenitsa

Preveza

愛奧尼亞
Ioannina

Arta

Florina

Kastoria

Edessa

Kozani

Grevena

Veria

Naoussa

Katerini

卡蘭巴卡
Kalambaka

Trikala

Larissa

Karditsa

Kilkis

塞雷斯
Seres

特沙羅尼基
Thessaloniki

憲拉馬
Drama

克桑西
Xanthi

卡瓦拉Kavala

Thassos

Poligiros

Amfipous

亞歷山卓魯波力
Alexandroupoli

科摩提尼
Komotini

Kipi

撒摩特拉基島
Samothraki

里姆諾斯島Limnos

Myrina

愛琴海
Aegean Sea

雷斯佛斯島
Lesvos

Mytilini

希歐斯島Chios

Chios

特爾麥科斯灣
Thermaikos

佛洛斯Volos

拉米亞Lamia

史科阿特斯島
Skiathos

史科羅斯島
Skopelos

阿羅尼索斯島
Alonissos

Skyros

薩摩斯島Samos

Ikaria

米克諾斯島
Mykonos

提諾斯島
Tinos

Andros

Syros

Agrinio

Messolongi

帕德拉
Patra

Kalavrita

Egio

Diakofto

德爾菲
Delphi

Livadia

Kiato

科林斯
Corinth

Thiva

Halkida

Megara

雅典Athens

皮瑞斯港Piraeus

Karystos

Kea

蘇尼翁Sounion

Kylini

Loutra

皮爾戈斯
Pirgos

奧林匹亞
Olympia

伯羅奔尼薩半島
Peloponnese

Megalopoli

阿果斯
Argos

邁錫尼
Mycenae

納普良
Nafplio

Tripoli

埃皮道洛斯
Epidaurus

愛琴娜島
Aegina

伊卓斯島

Kithuos

Zakinthos

Lefkada

Argostoli

愛奧尼亞海
Ionian Sea

A

B

C

1

2

3

米爾特亞海
Mirtoan Sea

米斯特拉
Mystra

Kalamata

摩尼瓦西亞
Monemvasia

Neapoli

Kythira

地中海
Mediterranean Sea

Sifnos

米洛斯島
Milos

帕羅斯島
Paros

納克索斯島
Naxos

Ios

阿摩哥斯島
Amorgos

Astypalea

Anafi

聖托里尼島
Santorini

哈尼亞
Chania

伊拉克里翁
Iraklion

克諾索斯
Knossos

克里特島
Crete

Sitia

克里特海
Sea of Crete

Leros

科斯島
Kos

Tilos

Simi

羅德市
Rhodes

羅德島
Rhodes

Karpsthos

卡索斯島
Kassos

機場

005

A   B   C

4   5

5

5

6

航向希臘 的偉大航道

護照辦理

什麼狀況下需要辦？

- 未持有護照
- 護照效期不足6個月時

哪裡辦？

首次申請普通護照者，需本人親自至領事事務局或外交部中、雲嘉南、南、東辦事處辦理。若實在無法親辦，也必須先親自到戶籍所在地之戶政事務所辦理「人別確認」，再備齊相關文件，委託交通部觀光局核准之綜合或甲種旅行社代辦(一般加收約300元)。換發護照者不在此限。若想縮短在辦事處等待的時間，建議可先上網於「個人申辦護照 網路填表及預約系統」填寫簡式護照資料表及上傳數位照片。

外交部領事事務局

⌂台北市濟南路一段2-2號(中央聯合辦公大樓)3~5樓
(02) 2343-2888(總機)、(02) 2343-2807~8(護照查詢專線) ◐週一至週五08:30~17:00，週三延長至20:00(以下各區辦事處皆同) ⓦwww.boca.gov.tw

外交部中部辦事處

⌂台中市黎明路二段503號1樓(行政院中部聯合服務中心廉明樓) ☎(04) 2251-0799

外交部雲嘉南辦事處

⌂嘉義市東區吳鳳北路184號2樓之1 ☎(05) 225-1567

外交部南部辦事處

⌂高雄市苓雅區政南街6號(行政院南部聯合服務中心)3~4樓 ☎(07)715-6600

外交部東部辦事處

⌂花蓮市中山路371號6樓 ☎(03) 833-1041

如何辦？

相關規定在外交部領事事務局網站有詳盡說明，以下僅作簡要介紹。

- 新式國民身分證正本(14歲以下需準備戶口名簿或3個月內戶籍謄本)。
- 護照專用白底彩色照片2張(6個月內近照)
- 簡式護照資料表
- 法定代理人新式國民身分證正本及監護權證明文件(未滿18歲需要)
- 陪同者新式國民身分證正本(未滿14歲需要、陪同者非法定代理人、限三親等；須附關係證明文件正本)
- 外文姓名拼音(可參考外交部領事事務局網站。換發新護照者，需沿用舊護照拼音)。
- 36歲以下役齡男性，須另外準備退伍令正本或免役令正本(身分證役別欄已註明屬後備役則免)。
- 換發護照者，需準備舊護照。

要多久？

一般為10個工作天，遺失護照則須11個工作天。

多少錢？

護照規費為1300元(未滿14歲者，規費為900元)。辦理急件，提前9個工作天領取，加收900元。

效期

年滿14歲，10年；未滿14歲，5年

簽證辦理

　　台灣遊客前往希臘觀光無需辦理申根簽證，只要持有效護照即可出入申根公約國，6個月內最多可停留90天。摩納哥雖然並不屬於申根公約國，但接受國人以免申根簽證待遇入境。有效護照的定義為，預計離開申根區時最少還有3個月的效期。

　　儘管開放免簽證待遇，卻不代表遊客可無條件入境，入境申根國家所需查驗的相關文件包括：來回航班訂位紀錄或機票、英文或法文行程表、當地旅館訂房紀錄或當地親友邀請函、英文存款證明或其他足以證明自己能在當地維生的證明、公司名片或英文在職證明等等。另外，原本辦理申根簽證所需的旅遊醫療保險，雖同樣非入境時的必備證明，但最好同樣投保，多一重保障。

　　目前「歐盟旅行資訊及許可系統」(ETIAS)仍在建置中，預計2025年中開始，國人前往包含法國、義大利、西班牙、葡萄牙等歐洲30個國家和地區，需要事先上網申請ETIAS且獲得授權，手續費€7。ETIAS有效期限是3年，或持有護照到期為止。效期內只要持有效護照及ETIAS即可不限次數出入申根公約國，無需再辦理申根簽證，6個月內最多可停留90天。

旅遊諮詢與實用網站

駐希臘台北代表處
Taipei Representative Office in Greece

⌖57 Marathonodromon Ave. 15452 Paleo Psychico, Athens

☏210-6776750　⏱平日09:00~17:00

🌐www.roc-taiwan.org/gr_en/index.html

✉grc@mofa.gov.tw

希臘國家觀光局
The Greek National Tourism Organisation (GNTO)

🌐www.visitgreece.gr

希臘國家文化部
Ministry of Culture

🌐www.culture.gov.gr/en/SitePages/default.aspx

希臘博物館、考古遺址

🌐odysseus.culture.gr

飛航資訊

　　希臘算是台灣的熱門旅遊目的地，不過前往當地都需要轉機，如搭阿聯酋航空需在杜拜轉機1次、搭土耳其航空需在伊斯坦堡轉機1次，其他航空公司則需要轉機2次才可抵達。

航空公司	訂位電話	網址
泰國航空	(02)2515-1888	www.thaiairways.com
阿聯酋航空	(02)7745-0420	www.emirates.com
德國漢莎航空	(02)2325-8861	www.lufthansa.com.tw
荷蘭皇家航空	(02)7752-7424	www.klm.com
瑞士航空	(02)2325-8861	www.swiss.com
卡達航空	(02)8161-3458	www.qatarairways.com

希臘行前教育懶人包

基本旅遊資訊

正式國名

希臘共和國
(Hellenic Republic／Ελληνική Δημοκρατία)

地理位置

　希臘位於歐洲東南隅的巴爾幹半島南端，北面由西到東分別與阿爾巴尼亞、北馬其頓和保加利亞接壤，東面隔愛琴海與土耳其相望，西面則隔愛奧尼亞海(Ionian Sea)遠眺義大利。

面積

約131,957平方公里

Did YOU KnoW

**「希臘」和「Greece」
到底是怎麼翻譯的？！**

希臘共和國用希臘文寫出是Ellinikí Dimokratía，也被暱稱Hellas，中文「希臘」應該就是從這裡翻譯過來的。那英文「Greece」到底從哪來的？這可追溯到古羅馬時期，當時的主要通行語言是拉丁文，羅馬人稱那時候的希臘為Graecia(意指希臘人的土地)，並用Graeci稱呼希臘人。

人口
約1,041萬人

首都
雅典(Athens╱Aθήνα)

宗教
希臘東正教(Greek Eastern Orthodoxy)

種族
由阿凱亞人(Achaean)、愛奧尼亞人、伊奧利亞人以及多利安人等部族,融合成最早的古希臘人。後來又因受羅馬、東羅馬和鄂圖曼土耳其等帝國的統治,使得當地居民血統中,混合了斯拉夫人、阿爾巴尼亞人以及土耳其人等民族,也因此除東正教外,境內也有少數信奉天主教和伊斯蘭教的希臘人。

語言
希臘文(Greek)

時差
冬季比台灣慢6小時,夏令時間(自3月之後的最後一個星期日,到10月最後一個星期日)比台灣慢5小時。

貨幣及匯率
貨幣單位為歐元(€),匯率約為歐元:台幣＝1:34.5(2024年12月)。

電壓
220伏特(台灣為110伏特),雙孔圓型或三孔插座。

網路
在希臘,網路的使用相當普遍,各飯店、餐廳幾乎都有提供免費的無線網路,只要在消費時,向店家詢問上網密碼即可。此外,當地售有可上網及打電話的預付卡,價格也非常實惠可多加利用。

打電話
若是在希臘當地撥打電話一定要加上各地區碼,也就是直接撥打書中每個景點╱餐廳上的電話號碼,總計10碼。

從台灣撥打

002＋30＋城市區域碼(雅典為210)＋電話號碼

從希臘撥打

00＋886＋城市區域碼(去0)＋電話號碼

旅行前，最好要知道的事

要怎麼給小費？

雖然大部分飯店、酒吧已收取服務費，但習慣上還是會給一點小費。較正式的餐廳約為帳單金額的5~10%，如果帳單上沒有包含服務費，則小費金額約為帳單金額的10~15%。另外，飯店及遊輪上幫忙提行李的服務人員，或使用到客房服務以及客房清潔人員，則給€1。計程車則不需另給小費。

一般的營業時間

商店／餐廳

營業時間變動很大，除雅典鬧區的大型商店或國際品牌可能整日營業外，許多商店經常在中午休息約2~3小時，他們的營業時間一般為09:00~14:00、17:00~20:00。而有些商店可能週一和週六(有時還有週三或週四)只營業於09:00~15:00之間，其他日子09:00~20:30，週日公休。

景點

重量級的遺跡如雅典衛城、邁錫尼遺跡、埃皮道洛斯遺跡等，除了特定重大節日公休外，幾乎每天開放，不過冬季時開放時間很短，大約是08:30~15:00之間，因此如果想從雅典展開一日遊的旅客，可能得搭非常早的巴士前往，才來得及於景點休息前看完，夏季的景點開放時間則約在08:00~20:00之間，並且需注意開放時間時有變動。

購物可以退稅嗎？

只要不是歐盟國家的人民，在攜帶免稅品離境時，都可以享有退稅優惠。凡在有「Tax Free」標誌的地方(也可詢問店家)購物，且同家商店消費金額超過€50以上，便可請商家開立退稅單據，退稅手續須在3個月內到海關辦妥手續。

要怎麼退稅？

購物時記得要向售貨員索取退稅單，這張單子應由售貨員幫你填寫。出關時，將所買貨物交給海關檢查，海關在退稅單上蓋印後即可在機場或邊境的退稅處領取稅款。蓋有海關印章的退稅支票，可以在機場內的銀行兌換成現金。

若不幸發生緊急事故該怎麼辦？

警察熱線：100

觀光警察(提供英、法、德語服務)：171

消防中心：199

救護車熱線：166

大寫	小寫	對應羅馬字
A	α	a
B	β	v
Γ	γ	gh/y
Δ	δ	dh
E	ε	e
Z	ζ	z
H	η	i
Θ	θ	th
I	ι	i
K	κ	k
Λ	λ	l
M	μ	m
N	ν	n
Ξ	ξ	x
O	o	o
Π	π	p
P	ρ	r
Σ	σ	s
T	τ	t
Υ	υ	i
Φ	φ	f
X	χ	h
Ψ	ψ	ps
Ω	ω	o

習慣與禁忌

希臘人的點頭

一般來說點頭表示「是」，搖頭則相反。但在希臘，希臘人的「是」會以輕微點頭表示，「不是」則是往後(上)點一下。為了避免誤會，在希臘旅遊詢問事情時還是要再三確認喔！

希臘人的吃飯時間

希臘人的早、午餐時間和一般人差不多，而下午一定有喝咖啡的習慣。至於晚餐時間就比較晚，大部分希臘人幾乎晚上9點才用餐，所以7、8點去吃飯時看到空空的餐廳不用覺得奇怪～

「5」不能亂比！

張開五指、掌心對人這個手勢被稱為mountza/moutza，是一種極度侮辱的手勢。據說這是從拜占庭時期流傳下來的，當時的罪犯會遊街示眾，人們會在手上塗滿煤渣，往罪犯臉上抹上。另外，在希臘比「OK」手勢就和比中指差不多。

Ladies注意～不是每個島都可以去喔！

阿索斯山神權共和國(Mount Athos)位於希臘東北部的一座半島山，為東正教僧人修行的地方。這裡共有20座修道院，1988年被列入世界遺產。許多來自東正教國家如俄羅斯、羅馬尼亞、保加利亞、塞爾維亞等的僧侶在阿索斯山上修行。

想要到島上參觀必須是男性，甚至需要獲得特殊入境許可，女性嚴禁上岸，懲罰可是1~2年的監禁！

別和希臘人聊這個！

◎政治：希臘人對賽普勒斯(Cyprus)、北馬其頓(Macedonia)、土耳其相關的議題很敏感，所以盡量避免這個話題。

◎文化：希臘人對自己的文化(還有飲食)引以為傲，他們或許會批評或不滿自己人，但絕不允許外人說他們的壞話！

希臘眾神
Greek Gods

古希臘人藉由一則則傳說,解釋世界的起源、眾神的生活、英雄的冒險、甚至對當時物種的特殊看法。這些看似天馬行空的故事中,某些卻因為考古出土文物與遺址,證實其真實性,特洛伊圍城就是其中最具代表性的例子。希臘神話除了對今日西方世界的藝術、文學甚至語言等各方面帶來深遠的影響,更是探訪這座眾神傳說起源之國不可或缺的踏腳石。

從神話起源到奧林匹斯眾神

根據古希臘詩人赫西俄德(Hesiod)的《神譜》(Theogony),宇宙誕生之初原是一片混沌(Chaos),後來陸續誕生了大地(Gaia)、愛(Eros)和地獄(Tartaros),以及黑暗(Erebus)和黑夜(Nyx)。黑暗與黑夜結合後誕生了白晝(Hemera)和太空(Aether)等神;大地則分裂出天空(Uranus),並與天空先後生下了6男6女的提坦族(Titans)、3位獨眼巨人(Cyclops)以及3位百臂巨人(Hekatonkheires)。

由於天空對於後來出生的6位畸形巨人感到害怕與不安,於是硬將他們關到地獄裡;感到痛苦萬分的大地,找來了提坦族老么克洛諾斯(Cronus)替她報仇。克洛諾斯將父親去勢後,成了世界的主宰,卻因為「他將被自己孩子打敗」的預言而吞掉每個親生骨肉。妻子瑞亞(Rhea)忍無可忍,在大地的保護下,躲在克里特島的洞穴中生下宙斯(Zeus)。

長大後的宙斯帶領其兄弟姐妹展開與克洛諾斯與提坦族長達10年的混戰,最後將提坦族關押在地獄,而宙斯也因此成為眾神之父,以奧林匹斯山為住所,並與其他神祇組成奧林匹斯12主神(12 Olympians)。

奧林匹斯12主神

與提坦族長達10年的混戰結束後,宙斯與兩位哥哥波賽頓、黑帝斯(Hades)透過抽籤,分別得到天空、海洋和冥界的掌管權。由於黑帝斯常駐冥界,因此一般不列入奧林匹斯12主神之中。

希臘神話VS羅馬神話

咦?天神宙斯為什麼也叫朱比特?艾芙洛迪特和維納斯是同一個女神?原來這都是因為希臘神話跟羅馬神話其實有點不一樣啊!

古希臘人怎麼說:「我們以人本主義為主,眾神其實和我們一樣有缺點、有慾望,我們寫的這些神祇、英雄及奇幻生物的神話故事,反映了宗教、政治與整個古希臘文明。」

古羅馬人怎麼說:「我們沒有神話故事,是在羅馬佔領希臘後接收了希臘文化才發展出來的。我們比較在乎神與神或是神與人間的關係,以及宗教祭祀儀式,所以融合了希臘神話與羅馬原始信仰。」

羅馬人將原本的羅馬神找到對應屬性的希臘神,漸漸形成所謂希臘羅馬神話的內容,並隨著強大的羅馬帝國傳播到各地,而原本的希臘神祇或以諸神命名的天體、星座也都被改成羅馬名字了。

藝術家根據荷馬時代的遊唱詩人的描述,塑造出宙斯的形象。

宙斯
Zeus

在希臘神殿之中,掌管天空的宙斯是唯一無所不能,各種神的威力與功能都集於祂一身,手中的閃電能摧毀一切敵人。儘管如此,神話裡的宙斯多情、風流、暴戾⋯雖然很怕老婆赫拉,但還是到處沾花惹草,與許多神祇、凡人生下不少天神和英雄,與「萬能的天父」形成強烈對比。

希臘的宙斯到了羅馬世界則成了朱比特(Jupiter),羅馬大將要都要朝拜朱比特神廟。

希臘的第一座神殿，就是為赫拉建造的（西元前8世紀建於薩摩斯島）。

赫拉
Hera

赫拉是宙斯的姐姐和妻子，掌管婦女的生活，尤其是婚姻和生育，希臘人尊奉祂為婚姻生活的庇護神。不過，赫拉在自己的婚姻生活中也有陰暗的一面，相較於宙斯的風流情史，荷馬則把赫拉刻畫成一個善妒、愛報復的女神，祂絕不放過任何被宙斯征服的女神和凡間女子，甚至她們的後代。
希臘的赫拉到了羅馬世界則成了朱諾(Juno)。

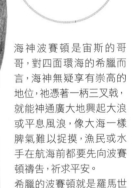

波賽頓
Poseidon

海神波賽頓是宙斯的哥哥，對四面環海的希臘而言，海神無疑享有崇高的地位，祂憑著一柄三叉戟，就能神通廣大地興起大浪或平息風浪，像大海一樣脾氣難以捉摸，漁民或水手在航海前都要先向波賽頓禱告，祈求平安。
希臘的波賽頓就是羅馬世界的聶普頓(Neptune)。

阿波羅
Apollo

太陽神阿波羅該是希臘神祇中最為知名的明星，舉凡藝術、音樂、詩歌，還是智慧、年輕、貌美，各種美好的事物全都聚在阿波羅身上。在希臘人的心目中，阿波羅占有極重要的地位，祂具有多重神格，包括門神、牧神、醫神、農神，直到荷馬時代，才正式成為太陽神，代表光明。

Did YOU KnoW

宙斯3兄弟的標誌性武器從哪來的？

宙斯為了打贏與提坦族的戰爭，在祖母大地的指示下，釋放了被克洛諾斯關押的獨眼和百臂巨人。作為答謝，前者分別給宙斯、波塞頓和黑帝斯送了閃電、三叉戟與隱形頭盔；而後者在戰場上幫奧林匹斯眾神打敗提坦族。

雅典娜一出生就頭戴戰盔，身披戰袍，是一位少女形象的女戰神。

雅典娜
Athena

雅典娜也是宙斯之女，據說是從父親頭上長出來的，被封為智慧女神。在希臘諸神中有兩位處女神，一位是雅典娜，另一位就是阿特米斯。只是高貴的雅典娜掌管城市，阿特米斯則是鄉間神祇。雅典娜總能不靠武力而以其智慧取勝，他的發明包括了笛子、鼓、陶器、犁、馬車、船，是古希臘文明進步的象徵。

阿特米斯
Artemis

狩獵女神阿特米斯被塑造成一位貞潔的處女，是原野女神，也是婦女的守護神。祂是阿波羅的孿生姐姐，和阿波羅一樣，手持弓箭，隨時能致人於死，也能保護人們。祂後來和月亮女神合而為一，亦即到了羅馬世界的黛安娜(Diana)。

阿特米斯在以弗所(今天土耳其境內)，被塑造成一個多乳頭的乳母形象。

©wikimedia

艾芙洛迪特被視為肉慾、美貌和愛情的化身。

狄米特
Demeter

身為農業女神，狄米特很受古希臘人景仰，祂專司農業，尤其是穀物，因而其象徵是一籃子穀穗。有的說狄米特是宙斯的姊姊，但在荷馬史詩中又很少提到祂；祂不像其他天神參與大家庭的活動，反而經常出入冥府，與地下神祇產生聯繫。

艾芙洛迪特
Aphrodite

愛情女神艾芙洛迪特具有絕對的權力來左右神和人類的感情，而愛情力量的產生都是透過祂兒子厄洛斯(Eros)手上弓箭射向人或神的心臟來決定。艾芙洛迪特與阿特米斯為同父異母姊妹，是主宰性慾和生育的女神，所以新娘都要向祂奉獻祭品。
羅馬世界的艾芙洛迪特就是維納斯(Venus)，祂的兒子厄洛斯就是著名的愛神丘比特(Cupid)。

赫菲斯托斯 Hephaestus

希臘神話中的火神，他是宙斯和赫拉之子，愛情女神艾芙洛迪特的丈夫。在荷馬筆下，祂被說成是殘廢、醜陋的，與希臘人完美天神的形象相違背。但祂憑藉其鍛冶工藝技術，製造了許多神奇的物件，例如特洛伊中阿基里斯的盾，被尊奉為工匠的保護神，而在天庭中占有一席之地。

荷米斯 Hermes

眾神信使荷米斯屬於小一輩的神祇，雖不偉大，卻很能幹。祂為眾神傳達訊息，替宙斯下達指令，是最具平民性的神。祂的重要職責之一就是把亡者的靈魂送到地府，也許因為年輕，常被塑造成一個反傳統、喜好惡作劇的神祇。

阿瑞斯 Ares

戰神阿瑞斯是宙斯和赫拉的兒子，主管軍事和戰爭，祂粗野莽撞，有勇無謀，是一名百戰不厭的武士，因此在文明的希臘人心中，是野蠻的象徵。阿瑞斯在希臘諸神中很少受到崇拜，因為祂所代表的戰爭精神與阿波羅和雅典娜所象徵的文明進步，彼此之間相互違背。

希臘的阿瑞斯就是羅馬世界的馬爾斯(Mars)，地位顯著提高。

©wikimedia EricMacirner

戴奧尼索斯 Dionysos

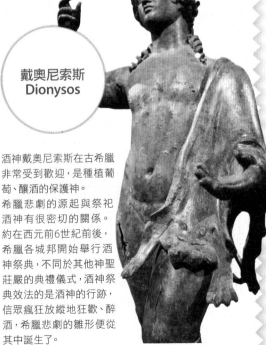

酒神戴奧尼索斯在古希臘非常受到歡迎，是種植葡萄、釀酒的保護神。希臘悲劇的源起與祭祀酒神有很密切的關係。約在西元前6世紀前後，希臘各城邦開始舉行酒神祭典，不同於其他神聖莊嚴的典禮儀式，酒神祭典效法的是酒神的行跡，信眾瘋狂放縱地狂歡、醉酒，希臘悲劇的雛形便從其中誕生了。

傳說起源之地
Land of Greek legends

歷經3,000年的時光,眾神的愛恨情仇與古希臘人的生活或許早已灰飛煙滅,然而流傳下來的神話,卻依舊生動地勾勒出希臘這塊土地的血脈與風情。即使今日早已物換星移,然而曾經上演過的情節,卻依舊以遺跡、秘儀、甚至巨岩等大自然面貌,向遊人訴說一段段永不褪色的傳奇!

雅典Athens

　　據說某次希臘眾神爭相成為各地守護神的行動中,雅典娜和海神——同時也是自己舅舅的波賽頓同時看上了雅典,為求民眾支持,以橄欖樹作宣傳的雅典娜,贏得以三叉戟敲地產生海水之泉的波賽頓,因為對於這些臨海的居民來說,海水既不特殊也無特別用途,自此以後,雅典娜就成為雅典當地的守護神。

艾雷烏西斯 Eleusis

　　農業女神狄米特非常寵愛祂的女兒波塞芬妮(Persephone),沒想到冥王黑帝斯(Hades)卻拐走了祂的女兒。為了尋訪愛女,她離開奧林匹斯山四處流浪,在艾雷烏西斯受到國王Celeus的款待,深受感動的狄米特原本想以火烤方式讓國王的長子Triptolemus成為不死之身,然而卻遭到不知祂來歷的王妃制止,於是祂揭露了自己的女神身分,並且賜予小麥於當地。

　　艾雷烏西斯居民不但在山丘上興建獻給狄米特的神殿,同時也發展出一套神秘儀式(Eleusinian Mysteries),由於洩漏秘儀將會被處以死刑,也因此至今無人能得知其儀式內容,但一般推測和「再生與復活」有關。

羅德島 Rhodes

除了我們熟知的太陽神阿波羅之外，希臘神話中還有另一位太陽神Helios，儘管後人有將他們合而為一的傾向，但在荷馬史詩中，他們卻是兩位完全不相同的神祇：Helios頭頂金色光環，每日駕駛祂的太陽馬車穿行天空；阿波羅則手持銀弓，頭頂四周並沒有金色光環。

據說當初宙斯將希臘諸島分給眾神當作領地時，恰巧Helios並不在，於是他要求宙斯將之後新生的島嶼分給祂，於是羅德島誕生後，順理成章成為Helios的領地。

狄洛斯島 Delos

阿波羅與阿特米斯這一對孿生兄妹，是萬神之父宙斯與外遇對象列托(Leto)的私生子。由於天后赫拉聽說列托所生的子女會比任何神祇都還要優秀且漂亮，出於忌妒因而下令不准有任何一塊土地讓列托生產。

於是宙斯就從海底提起一塊漂島，並以4根黃金柱加以固定，作為列托生產孩子的地方，而這座名稱原意為「閃耀」的島嶼，就是今日的狄洛斯島，也是全希臘的聖地。

邁錫尼由殺死蛇髮女妖梅杜莎的英雄柏修斯(Perseus)創立，後來傳給了阿特留斯(Atreus)家族。

邁錫尼 Mycenae

阿伽門農(Agamemnon)為了稱霸愛琴海，借弟媳海倫(Helen)被特洛伊王子巴利斯(Paris)拐騙為理由，率軍攻打特洛伊，不過他因為獵殺阿特米斯女神的聖鹿而觸怒女神，只好殺死自己的女兒Iphigenia謝罪，卻引發了妻子克呂泰涅斯特拉(Clytemnestra)的怨恨。

從特洛伊凱旋而歸的阿伽門農，卻被妻子和妻子的情夫Aegisthus聯手謀殺。阿伽門農次女Electra擔心弟弟Orestes年幼遇害，於是將他送往他處，兩姐弟忍辱負重多年，最後終於殺死母親和她的情夫。

克里特島上的克諾索斯宮據說出自Daedalus之手。

伊卡里亞島 Ikaria

伊卡里亞島是一座位於米克諾斯島和土耳其之間的小島，該島的起源和一則非常著名的希臘神話有關。話說天才工匠Daedalus在出於忌妒而殺死自己的徒弟Talos後逃到了克里特島，他替米諾斯國王興建了諾克索斯皇宮裡那座傑出的迷宮，不過米諾斯卻拒絕讓他離開因而加以囚禁。

於是他想出以蠟製造人工翅膀的方式，幫助他和兒子Ikaros飛出岩石間的監獄，不料Ikaros太過興奮，一時間忘記父親不要飛太高的警告，結果翅膀不敵太陽熱度而融化，Ikaros因而跌到了這座今日以他命名的小島上。

希臘交通攻略

國內航空

希臘幅員廣大，國內陸地和人氣島嶼皆設有機場，空中交通是最快捷、方便的管道。例如從雅典到克里特島，乘船需要花掉6~9個小時，但是搭飛機卻不到1小時即可抵達，所以如果交通預算較寬鬆，不妨考慮以金錢換取時間。此外，遇淡季時，往來海島的船班將減少，此時就需要改搭內陸飛機，以免影響行程。

航空公司有時會推出特惠價，有機會撿到便宜，不見得比搭船貴多少。不過要特別注意的是飛機的行李限重。

愛琴海航空Aegean Airlines

🌐en.aegeanair.com

奧林匹克航空Olympic Air

🌐www.olympicair.com/en

天空快捷航空Sky Express

🌐www.skyexpress.gr/en

鐵路系統

希臘火車路線分布不算密集，主要行駛於雅典和希臘北部的特沙羅尼基(Thessaloniki)及亞歷山卓魯波力(Alexandroupoli)，再加上除了卡蘭巴卡(Kalambaka)外，並未前往主要的風景區或景點；在博羅奔尼薩半島方面，火車也只行駛到Kiato，少數城市有短程火車往來，因此遊客使用的機會並不多。

除非是搭乘火車往來於歐陸其他國家和希臘之間，這些火車大多必須在特沙羅尼基換車，它們在雅典停靠的火車站，是位於市區西北方的拉里薩火車站，由此可搭乘地鐵、巴士或

計程車前往各地。希臘火車由希臘國家鐵路局(OSE)營運，遊客可事先上網查詢火車時刻表，以利行程規畫。

希臘國家鐵路局(OSE)

🌐 www.hellenictrain.gr

火車通行證

如果其中有多日會使用火車，可在台灣先買歐洲火車通行證，分單國及多國火車通行證，在有效期內可不限次數搭乘希臘國家鐵路局營運路線，車種包括InterCity、郊區火車以及景觀火車The Rack Railway。需注意的是，火車通行證並未包含訂位費，部分車種強制訂位。即使是不需訂位的熱門路線或長途火車，在旅遊旺季時也容易座位客滿，建議仍需事先預訂座位。購票及詳細資訊可洽詢台灣歐鐵總代理「飛達旅遊」或各大旅行社。

歐洲鐵路

🌐 www.eurail.com

飛達旅遊

🏠 台北市中山區南京東路三段168號10樓之6

☎ (02) 8161-3456分機2

💬 線上客服：@gobytrain

🌐 www.gobytrain.com.tw

歐洲火車通行證全面改成電子票了！

不需再擔心手殘寫錯火車班次、時間、日期等，或是害怕把通行證弄丟了，因為歐洲火車通行證全面改成電子票了！只需下載Rail Planner App就能隨身攜帶和檢視你的車票細節了。
第一步：在Rail Planner App中載入電子票Add a new Pass
第二步：連結旅程Connect to a Trip
第三步：啟用你的火車通行證Activate your Pass
第四步：新增班次Add a new Journey
第五步：查票Show Ticket

長途巴士

搭乘大眾交通工具往來於希臘主要城市和景點，最方便的方式就是搭乘長途巴士。當地的巴士由各地區的私營巴士公司組成綿密的交通網，通稱為KTEL，遊客可以藉由轉車，深入希臘的大城小鎮。

由於雅典是希臘的主要門戶，因此每日均有多班巴士前往卡蘭巴卡、德爾菲、科林斯、納普良、埃皮道洛斯遺跡等地，又從納普良有較多班次前往鄰近景點如邁錫尼、埃皮道洛斯遺跡等，當地飯店選擇多，且設有旅客服務中心，是旅遊博羅奔尼薩半島不錯的中轉站。KTEL在各地區都設有網站可查詢巴士時刻表，由於發車時刻受到淡旺季影響，甚至連抵達地點都會變動，行前最好事先確認。

值得注意的是，雅典的兩處主要巴士站都位於郊區，Kifissos巴士站主要停靠往來於雅典和伯羅奔尼薩之間的巴士，須從歐摩尼亞廣場附近搭乘51號巴士前往；至於Liossion巴士站停靠往來於雅典和德爾菲等中部希臘之間的巴士，須從歐摩尼亞廣場附近搭乘24號巴士前往。

KTEL巴士 🌐 ktelbus.com

租車自駕

摩托車

在卡蘭巴卡等偏遠鄉鎮，以及米克諾斯、納克索斯、聖托里尼等島上，雖然有公共巴士系統，但是班次並不密集，如果想更有效率地到處趴趴走，不妨多利用摩托車，租金行情價1天€20左右，視款式、淡旺季、租賃天數而有不同。記得出國前要辦好國際駕照，並同時攜帶台灣仍在有效期的駕照備查。

汽車

在希臘旅行，尤其是前往離島或是淡季時前往伯羅奔尼薩半島觀光，最方便的移動方式自然是租車，如此一來不必穿梭伯羅奔尼薩半島的重要古蹟之際，還必須回到大城鎮以尋求更多的巴士班次搭乘選擇，或是耗費時間等待以及遷就巴士時刻。尤其淡季巴士班次減少，遇週日停駛或是回程趕不上最後一班巴士，則必需搭乘計程車或變更計劃，都將使得行程受到影響。

機場都有租車公司櫃檯進駐，雖然在機場租車會比在市區小型服務據點要來得貴，但租、還車都比較方便。在雅典一出機場，即可見租車櫃台，Hertz櫃台更是24小時營業。

先行預約

由於歐洲多為手排車，如果到了當地才臨櫃辦理，經常租不到自排車，建議先在網路上預約，不但可以好整以暇地挑選車型，還能仔細閱讀價格計算方式及保險相關規定，租起來比較安心，也不需擔心語言溝通問題。

歐洲租車和買機票一樣，越早訂車越便宜，即使是同一車款，不同租車公司也會有不同優惠方案，所以貨比三家絕不吃虧。此外，租車時若沒有特別說明要自排車款，很可能會租到手排車，尤其在多山地勢的克里特島，當地人多以手排車為主，自排車款較少且價格也較手排車昂貴。

大型租車公司多有提供甲租乙還的服務，但需另外加價，如果選擇當地租賃業者，可能就無法提供此服務。需注意的是，有些便宜的優惠方案，會限制每日行駛的里程數，超出里程需加收額外費用，如果知道自己的移動距離較遠，記得選擇不限里程的方案。

Hertz
⊕www.hertz.com.tw

Avis
⊕www.avis-taiwan.com

Europcar
⊕www.europcar.com

Budget
⊕www.budget.com

臨櫃辦理

每家公司標準不太一樣，一般規定年滿21~25歲之間可租車。若事先已於網路上預約，需要準備以下證件臨櫃取車，需特別注意護照、駕照及信用卡上的英文姓名需一致。

◎ 英文版租車預約確認單

◎ 國際駕照

◎ 台灣駕照 (一年以上駕駛經歷)

◎ 網路預約時作為擔保之用的信用卡

◎ 護照

保險

租車的保險都是以日計價，租得愈久，保費愈貴。在保險部分比較需要考慮的有碰撞損毀免責險(CDW)、竊盜損失險(TP)、人身意外保險(PAI)、個人財產險(PEC)、超值車損險(SUPER COVER)，可視個人國內保險的狀況決定是否加保。

雖然交通意外不常發生，但在人生地不熟的地方開車，不小心刮傷時有所聞，因此建議CDW一定要保。希望獲得全面保障的話，則可直接投保全險(Full Protection)，也就是所有險種一次保齊。

若是駕駛不只一位，第二位駕駛也要備齊所有證件，與主駕駛在取車櫃檯辦理登記，否則會影

響到保險理賠。

注意事項

　　希臘和台灣一樣都是靠右行駛的左駕,不過當地占地廣闊,部分地區有多條岔路及高低起伏的山路,夜間駕駛尤其要特別小心,建議同時租用GPS,或是在當地租用4G或5G行動上網,並開啟導航模式,以下幾點須多加注意:

· 務必禮讓行人和腳踏車。

· 圓環一律是逆時針方向單行,圓環內的車輛有優先行駛權,出圓環記得打方向燈。

· 加油時禁止使用手機。

· 下車時千萬不要把貴重物品留在車上。

· 務必遵守交通規則,所有違規的罰款需自付。

◎希臘的時速限制

高速公路:130km/h

一般道路:90km/h

市區:50km/h

◎還車

　　還車時會有服務人員立即檢查確認,若是在雅典機場還車,有些租車公司的還車處與取車處不相同,最好事先確認清楚位置。務必在還車前先把油加到取車時的位置,因為若不足的話,會被收取缺少的油資,而租車公司的油價絕對比石油公司高很多。

◎加油

　　在希臘加油站都有加油員幫忙服務,十分便利,不過由於希臘占地廣闊,最好不要等到油箱快沒油了,才開始找加油站。

◎道路救援

　　道路上如果發生拋錨、爆胎、電瓶或汽油耗盡等狀況時,請立即聯絡道路救援並通知租車公司(拋錨停在路肩時,別忘了在車後100公尺放置三角警示牌)。若是具有責任歸屬的交通事故,除了通知租車公司外,也必須報警處理,並在警察前來勘驗前,保留事故現場。

◎停車

　　停車場會有P的標誌,請將車子停在合格的停車處,尤其是雅典市區,以免受罰。離開雅典有些著名古蹟如博羅奔尼薩半島,停車多是免費的,若是需付費則有專人前來收費。

◎過路費

　　希臘高速公路需要收費,費用依哩程計算,每個收費站費用皆不同,由人工收費,可提供找零服務。若不想付過路費,可以選擇其他替代道路。

海上渡輪Ferries

　　愛琴海上數千個島嶼，像珍珠一樣散落在海面上，這些島嶼不同的生活樣貌，是所有前往希臘旅行的人最嚮往的風光。

　　前往島嶼最便宜的方法就是搭船，也因此每到夏季，來自世界各地的旅人紛紛從雅典出發，搭上渡輪漂流於一座座島嶼間，至於要如何安排行程、從哪查詢航班、以及又有哪些注意事項？只要掌握以下這些基本技巧，就能輕輕鬆鬆暢遊愛琴海。

船班查詢實用網站

　　在查詢船班時刻表的時候，通常都必須填上港口名稱而不是島嶼的名稱，以下是常用的港口名稱：皮瑞斯港PIRAEUS、米克諾斯MYKONOS、聖托里尼SANTORINI(THIRA)、納克索斯NAXOS、帕羅斯PAROS。至於克里特島有2個主要港口：伊拉克里翁IRAKLION、哈尼亞CHANIA(XANIA)。

希臘旅遊網

　　可查詢希臘國內渡輪航班、住宿和景點資訊。

ⓦ www.gtp.gr

希臘渡輪網

　　可查詢所有希臘渡輪公司的航班與票價，除了往來於希臘國內愛琴海群島的渡輪外，還包括希臘與義大利、法國、土耳其等跨國航班資訊，並提供網上預約服務。

ⓦ www.ferries.gr

義大利希臘渡輪網

　　可查詢義大利─希臘間渡輪以及希臘海島間渡輪的航班資訊、票價以及網上預約。

ⓦ www.greekferries.gr

認識船公司

Blue Star Ferries

　　提供前往米克諾斯島、聖托里尼島、納克索斯島、克里特島(伊拉克裡翁、哈尼亞)和羅德島的渡輪。

📍1-7 Lysikratous & Evripidou Street 17674 Kallithea, Athens

📞210-8919800

🌐www.bluestarferries.com

Hellenic Seaways

提供前往米克諾斯島、納克索斯島、愛琴娜島、波羅斯島和伊卓島的渡輪。

📍1-7 Lysikratous & Evripidou Street 17674 Kallithea, Athens

📞210-8919800 🌐www.hellenicseaways.gr

ANEK Lines

提供前往克里特島(伊拉克裡翁、哈尼亞)、聖托里尼島和羅德島的渡輪。

📍1-7 Lysikratous & Evripidou str 17674 Kallithea, Athens 📞210-4197400 🌐www.anek.gr

Seajets

提供前往米克諾斯島、聖托里尼島、納克索斯島、克里特島(伊拉克裡翁、雷西姆農)的渡輪。

📍16, Akti Poseidonos str., 18531 Piraeus

📞210-7107710

🌐www.seajets.com

Minoan Lines

提供前往米克諾斯島、聖托里尼島、和克里特島(伊拉克裡翁、哈尼亞)的渡輪。

📍17, 25th August str. 71202 Heraklion, Crete

📞2810-399899 🌐www.minoan.gr

乘船注意事項

船票確認

購買船票的時候,要確認:船公司名稱、開船時間與日期、出發與抵達港口的名稱,然後向旅行社詢問港口位置,最好請他們在地圖上指出明確的位置。此外,在船公司官網或是跟希臘旅行社訂購船票,價格都是相同的,旅行社不會另外收取手續費。

如遇海上風浪大時,前往愛琴海諸島的船班經常取消,有時甚至長達好幾天。

提早到達港口

希臘的船班開船時間都很準時,一定要提早到港口等。特別是從雅典出發到皮瑞斯港車站,搭乘地鐵需要25分鐘左右,而從車站走到乘船的地點至少要花20~45分鐘,有時候必需搭乘一段巴士。因為皮瑞斯港實在太大,不同船公司從不同的港口出發,距離非常遠,如果你不清楚自己的船在哪一個港口,要花上更多時間尋找。提早到港口絕對不會錯,否則錯過了不但金錢損失,整個旅行計劃也會延誤。

準備點心

搭乘遠距離的船班可在船上用餐,船上有賣餐點,但都在固定時間內營業。上船前可以自己準備麵包、三明治等簡單的食物以備不時之需。

做好防止暈船措施

各島嶼之間的船程不一,有的1~2個小時即達,有的則長達7~8小時。以皮瑞斯港到米克諾斯島為例,看起來不太遠,也要5.5小時的航行時間,夏天還算風平浪靜,10月中開始風勢逐漸強勁,即使平常不太暈船的人也有可能經不起考驗,所以如果沒有十足把握,記得準備暈船藥。

個人財物

夜間航班通常船艙都可以上鎖,若是與其他客人共用房間,為了方便進出,在入夜就寢前船艙通常都保持開放,所以要將自己的行李靠置床頭,重要物品則最好放在枕頭旁邊,小心為上。

玩希臘吃什麼？

由於希臘長期受到鄂圖曼土耳其帝國的統治，因此在飲食方面也深受影響，很多料理吃起來有濃濃的東方味，頗適合亞洲人的口味。希臘人的飲食文化偏向簡單：沒有複雜的烹飪過程，僅以最簡單的烘烤、油炸或是燉煮的方式；也沒有過多的調味，僅以當地盛產的橄欖油和大蒜加上檸檬或鹽巴。

橄欖＆橄欖油
Olive & Olive Oil

橄欖構成希臘人的基本生活，除了製造成肥皂、乳液等日常用品外，更是希臘料理的核心，餐桌上少不了醃漬的橄欖、橄欖油、橄欖醬，其中橄欖油又大有學問，除了用來加熱煎、炸食物的橄欖油之外，還有直接淋在沙拉上的調味橄欖油，有的是味道香濃的純橄欖油，有些還會加入各種不同的香料、辣椒等，產生數十種不同的味道。

菲塔乳酪
Feta Cheese

希臘生活中另一項少不了的基本食材就是乳酪，一到超市或傳統市場裡，會看到各式各樣的乳酪，讓人幾乎無從選擇，其中又以菲塔乳酪最受歡迎。這種鹹乳酪在當地的傳統料理中幾乎天天都會吃到，無論是拌上橄欖油直接食用，

啤酒Beer

除了葡萄酒、茴香酒外，在希臘當然也可以喝到當地釀製的啤酒。希臘啤酒的品牌相當多，其中以Mythos最為常見，此外還有Alpha、Hellas、Pils、Fix等，口味都以清爽見長。

開　車　不　喝　酒　，　安　全　有　保　障

野菜沙拉
Horta Greek

Horta在希臘語中的字面意思是指各種綠葉蔬菜、野菜或食用植物。它完全顛覆了我們對西方人沙拉生吃的印象，而是將大量菠菜或其他綠葉野菜燙熟後，淋上大量橄欖油並滴上新鮮檸檬汁。上桌時，這道菜還散發著些許熱氣，令人聯想起台灣的燙青菜。

希臘沙拉
Greek Salad

希臘沙拉是當地曝光度最高的食物，以切片番茄、小黃瓜、青椒、紅洋蔥、醃漬橄欖等大量蔬果加上菲塔乳酪，並以胡椒、鹽和橄欖油調味，幾乎可說是希臘的「國菜」，新鮮蔬果飽足吸滿陽光，口感香脆鮮甜，而不同於印象中的沙拉，希臘沙拉中沒有出現任何葉狀蔬菜。

各式沙拉泥

©flickr Marco Verch

由於希臘沙拉給人的印象太強烈，以至於人們都忽略了希臘其他種類的沙拉，其實當地還有一種以不同蔬菜或乳酪打成泥狀或優格狀、用來搭配麵包食用的沙拉泥。比較常見的沙拉泥包括以大蒜和小黃瓜打成的Tzatziki (Τζατζίκι)、辣乳酪打成的Tirokafteri (Τυροκαυτερ)、茄子打成的Melitzanosalata(或稱為Eggplant Dip／Μελιτζανοσαλάτα)，以及以馬鈴薯和大蒜打成的Skordalia (Σκορδαλιά)。

慕沙卡
Moussaka

一種廣泛出現於地中海和中東一帶的料理，希臘式慕沙卡以絞肉、馬鈴薯、茄子等為材料，由下往上層層堆疊，送入烤爐中烘烤。外觀看起來很像義大利的千層麵，差別在於以馬鈴薯和茄子取代麵皮，常切成方塊狀上桌，口味相當不錯。

炸烤花枝或章魚
Fried or Grill
Calamari, Octopus

由於環繞著漫長的海岸線，海鮮幾乎可說是希臘料理中的重頭戲，無論是各種大小的魚隻、蝦子、花枝和章魚等，都是菜單上必備的菜色，也因為食材新鮮，因此當地幾乎只以簡單的燒烤或油炸方式料理，簡單撒上一些鹽巴後，隨檸檬一同上桌，雖然作法「簡樸」，不過滋味卻也最真實。

基洛斯
Gyros

因為長期受到鄂圖曼土耳其帝國的統治，因此在飲食方面也深受影響，土耳其式烤肉可說是希臘街頭最常見的主要食物，其中台灣一度流行的「沙威瑪」，在希臘叫做「基洛斯(Gyros)」，從旋轉烤肉架上切下的牛、羊、豬或其它肉類薄片，搭配或夾在皮塔餅(Pita)裡食用，非常飽足。

> 皮塔餅是一種圓形的口袋狀麵餅，在希臘、土耳其、巴爾幹半島、阿拉伯半島等地都是常見的主食。

©flickr Marco Verch

番茄鑲飯
Gemista

由於希臘人頗以他們盛產新鮮、碩大的蔬果為傲，所以很懂得善加利用。希臘語裡的「Γεμιστά (Gemista)」是「填充」的意思，所以番茄鑲飯、青椒鑲飯、茄子鑲飯等都屬於Gemista，其中又以番茄鑲飯最為常見。

在番茄、青椒或茄子裡塞入以米飯、洋蔥、大蒜等做成的內餡再烤熟，有主食又可獲自蔬果的營養。

Kebab

還有一種在希臘各地同樣普遍的土耳其式烤肉，是把牛、羊或豬肉等做成長條型的絞肉串，在希臘叫做Kebab，烤熟後同樣搭配皮塔餅一起盛盤，簡單、飽腹又好吃。

希臘式乳酪甜品
Greek Cheese

希臘式早餐和其它國家的早餐最大的不同處，在於通常都可以吃到一道乳酪甜品，這道甜品的主角是安索提洛乳酪(Anthotyro)，這是一種希臘特有的、以羊乳製作的、白色的乳酪，本身不具甜味，帶點微酸的檸檬味，再搭配蜂蜜或果醬就很好吃。在克里特島，它也是很普遍的飯後甜點，有些餐廳會在餐後直接免費招待。

肉丸
Stewed Meatball

把絞肉做成丸子，臺灣人固然很熟悉，也是希臘人的家常菜之一。除了直接放進爐子烤之外，還有和番茄醬汁一同燉煮的口味；或者加進櫛瓜做成櫛瓜肉球，增添爽脆的口感。

玩希臘買什麼？

和歐洲其它國家比較起來，希臘國際知名的品牌雖然不多，但是具有歷史淵源或文化特色的紀念品倒是不少，對喜愛異國文化的人來說別具意義。

橄欖美妝用品

橄欖是希臘人日常生活不可或缺的東西，除了食用之外，橄欖油製成的天然香皂、洗髮精、保養品都是希臘人保持健康的秘訣，其中特別是以橄欖油製成的香皂，沒有添加任何化學用品，不但具有非常高的保濕性，而且使用起來非常清爽。希臘各地景點更以當地特色，將它包裝得俏皮可愛，因而成為炙手可熱的伴手禮。

皮製涼鞋與皮件

在希臘，設計多樣的皮製涼鞋更是選擇眾多，不但款式五花八門，橫跨古希臘風格到今日潮流，這些價格合理的手工平底涼鞋，更以好穿著稱。此外，皮包、皮夾或是各種皮製飾品，也是當地必買的紀念品，價格同樣合理，主要依皮的種類、上色和手工而定。

天然海綿

有了橄欖製成的沐浴用品，如果能搭配當地的天然海綿洗澡，就更有希臘的Fu了！海綿依照不同的型狀分成不同等級，球型品質最為優良，通常會保持原形和原色彩(褐色)出售，價格也居高不下。此外，依照纖毛的質地不同也有不同的功用：蜂巢狀清潔力最強、海羊毛適合深層潔淨毛孔、絲綢海綿則適合寶寶和臉等較細緻的肌膚部位。

蜂蜜

希臘盛產多項乾果，因此當地許多蜂蜜中還加入核桃、杏仁等增加香味。

具有清熱、解毒、潤燥等功效的蜂蜜，希臘人不但將它添加於藥品裡，也做成美容聖品。希臘蜂蜜因為獨特的香氣和濃郁的味道使它揚名國際，這一切和當地怡人的氣候和大量的陽光有關，該氣候因素不但使各類鮮花生長得欣欣向榮，也讓蜂蜜中的含水量降低，因此無論濃度和甜度都很高。

這些海綿其實是骨頭？！

海綿是一種多細胞動物，表面有許多突起與小洞，藉由小洞將海水注入後，以其中微小生物為糧食。一般潛水夫將它採集後會先在海邊將它埋在坑中，等剩下它的骨骼、也就是纖維體後，就成了我們所說的天然海綿。

堅果

堅果是聊天時的好零食，許多堅果還具有抗衰老的高營養價值。由於地中海沿岸氣候乾燥，適合生產花生、核桃、杏仁果、開心果等各種堅果，因此在市集中或是特產店裡，常常可以看見這類相關產品，不妨買些來嚐嚐，貼近希臘人的日常生活。

香料及香草

希臘香料種類豐富，最常見的有羅勒、茴香、迷迭香、肉桂、奧勒岡葉及香薄荷等，而世界上最珍貴的香料番紅花，自希臘古文明即被使用並視為珍寶，當地所產的品質極佳。有些香草植物也被曬乾後用來泡茶，這些香料及香草在大型超市、零售商店及紀念品店都買得到。

Folli Follie

Folli Follie無疑是國際上知名度最高的希臘精品牌，專門設計和生產珠寶飾品、手表等，以純銀威尼斯琉璃珠寶系列打響名號，之後陸續以色彩繽紛的半寶石和彩鑽鑲走出自己的特色，如今也開發皮件、太陽眼鏡等相關配件。

眾神雕像

希臘眾神和東方人心目中的神明不太一樣，他們並非完全真、善、美，也有貪婪、忌妒、自私等卑劣的一面，因此更栩栩如生。宙斯、阿波羅、雅典娜、波賽頓等都是形象鮮明的希臘神祇，他們的雕像也成為頗具代表性的旅遊紀念品。

陶器

在課本裡讀到關於希臘文化，一些古樸卻繪飾典雅的陶製杯壺令人印象深刻；參觀希臘各地的考古博物館，眾多杯壺、酒器都是重要的文物。雖然不能把真品帶回家，買一些仿古的陶器做紀念也不錯。

烏佐酒

在眾多酒類之中，烏佐酒(Ouzo)可說是希臘最具代表性的酒，堪稱國酒。這種經蒸餾而成的高濃度開胃酒，呈開水般的透明狀，一般希臘人喝時，以小杯方式飲用，飲用前先將水倒入使它變成混濁的白色，然後再小口小口淺酌，搭配乾麵包、醃橄欖、酸黃瓜、菲塔乳酪等下酒菜，非常爽口。

拉奇酒

拉奇酒(Raki)也是一種茴香味的蒸餾酒，可說是土耳其的國酒，不過也出現在希臘，尤其在克里特島更為普遍。

拉奇的釀造起源是利用製造葡萄酒剩下的果渣再進行兩次蒸餾，後來也有利用無花果、梅子、香蕉、石榴、草莓、橘子、杏桃等其它種水果來製作，最後再使用茴香籽調味。嗆辣的程度和烏佐酒差不多。

葡萄酒

喜好狂歡的希臘人，經常派對到天亮，而酒更是其中最重要的催化劑。根據出土的文物顯示，希臘是栽種葡萄樹歷史最為悠久的國家，境內擁有眾多酒莊，其中尤其是聖托里尼和克里特島。聖托里尼所產的葡萄酒，價格和品質在希臘全國都獲得最高評價。

開　車　不　喝　酒　，　安　全　有　保　障

希臘咖啡Greek Coffee

在希臘，無論是咖啡館或是餐廳，在菜單上都可以看到希臘咖啡(Elliniko kafe)。就煮法及風味來說，希臘咖啡及土耳其咖啡兩者非常相似，一般普遍認為希臘咖啡其實源自土耳其咖啡，然而當地人會告訴你這兩者還是有不相同之處。無論如何，希臘人在咖啡的消費力每年持續增長，在全世界已是排行第十五名，可見希臘人對咖啡的熱愛程度。

咖啡怎麼煮

磨成細粉的希臘咖啡是當地伴手禮之一，在雅典還設有專賣店，由於每間咖啡館的風味及濃度不盡相同，購買時記得請教服務生。

STEP1
取一杯希臘咖啡杯的水量，加上一些咖啡粉(約為10克)及適量糖放入壺(Briki)內。

STEP2
放置於火爐上煮，並用湯匙攪拌均勻。

STEP3
待咖啡中間開始冒泡就差不多完成。

STEP4
最後倒入專用咖啡杯中。

希臘咖啡館

希臘咖啡館可以分為兩種，一種叫Kafeteria，另一種叫Kafenio。前者和到處可見的咖啡館一樣，是大多數年輕人的聚會場地，除了供應咖啡和其他飲料，也會提供一些簡餐。有些Kafeteria只有白天營業，有些到了傍晚會以酒吧的形式營業。

至於Kafenio是希臘傳統咖啡館，名稱取自於土耳其語「kahvehane」，幾乎在每個希臘的城市、小鎮都可以找得到，有幾家的歷史還可以追溯到200年前，形成當地文化的一部分。Kafenio主要提供咖啡和酒精飲料，吃的方面只有下酒菜和小吃類。

Kafenio一直以來都是男人們喝咖啡、打牌、聊政治的地方，可以說是小鎮上的社交中心。早期女性顧客不常見，甚至不受歡迎(也有一種說法是女人都討厭這裡，因為丈夫都不幫忙家務反而跑來這裡消磨時間)，如今隨著時代的改變，Kafenio已沒有這項不成文規定，所以別因為kafenio裡坐著的都是高談闊論的希臘大叔而卻步，不妨走進去享用一杯希臘咖啡，他們會非常樂意接待你，讓你體驗一下當地的生活風情。

咖啡哪裡買

Brazita

Brazita是專賣希臘咖啡的品牌，在雅典約有5家分店，與專賣義式咖啡的品牌Coffee Way同屬一家公司。店內的希臘咖啡共3款：淺焙、深焙及土耳其式咖啡，店員表示，土耳其式咖啡與希臘咖啡最大不同在於烘焙度，希臘咖啡較為淺焙。店內咖啡以秤重計價，有一、兩公斤大包裝及小包裝的選擇，另外也售有希臘咖啡專用杯組。

🚇搭1號地鐵在Kato Patissia站下車後，步行約2分鐘可達 🏠Leof. Ionias 166 ☎210-2020212 🕐08:00~21:00(週六至18:00) 休週日

🔊 **不小心做出來的人氣飲料？！**
法拉沛咖啡是由雀巢咖啡(Nescafé)的職員Dimitris Vakondios於1957年不小心發明的飲料，當時雀巢咖啡正在貿易展覽會上推出用搖酒器混合的巧克力飲料，Dimitris休息期間想泡咖啡時找不到熱水，就仿效製作巧克力飲料的方式，將咖啡、冷水和冰塊放入搖酒器裡，人氣飲料就這樣產生了！

咖啡怎麼喝

希臘咖啡很濃，所以服務員送上咖啡時，也會給你一杯開水。由於希臘咖啡煮好後是不過濾的，因此咖啡送上後不要馬上享用，稍等咖啡渣沉澱到杯底再飲用，最後留下的咖啡渣還可以進行咖啡占卜(Kafemanteia)。吃貨們注意，咖啡渣是不能吃的！

希臘咖啡裝在小小的杯子裡，並不是讓你一飲而盡，而是一邊啜飲一邊看報紙或和鄰座聊聊天，因此希臘的coffee break一般都很長(用1.5~2小時喝咖啡很正常！)。如果聽到有人大聲地喝咖啡，也不用感到意外，因為那是咖啡很好喝的意思，而且對希臘人來說，希臘咖啡就是要這樣喝。

另外喝希臘咖啡時，也會搭配一些餅乾或土耳其軟糖(Loukoumi)的小點心。

甜度

和台灣的飲料店一樣，希臘咖啡也可以調整甜度，怕苦或怕甜的人趕快做筆記，讓你挑到一杯適合你的希臘咖啡！

- **Skétos**：1匙咖啡粉
- **Métrios**：1匙咖啡粉＋1匙糖
- **Glykós**：1匙咖啡粉＋1.5~2匙糖
- **Vari-glykós**：2匙咖啡粉＋2~3匙糖

如果不習慣喝濃咖啡的，可以試試半匙咖啡粉的Elafris；喜歡超濃咖啡的則可以點點看2匙咖啡粉的Varis。

©flickr Alpha ©flickr Marco Verch ©wikimedia NikoSilver

種類

希臘咖啡後來延伸出很多不同的製作方式和種類，其中最受年輕人歡迎的就是法拉沛咖啡(frapés或frappé)。法拉沛咖啡是將即溶咖啡、水、冰塊和糖(或者冰淇淋)放入攪拌器或搖酒器做成的飲料，由於咖啡在攪拌的過程中產生牛奶泡般的泡沫，因此也被稱為「泡沫咖啡」。而甜度有3種選擇：Glykós(2匙咖啡粉＋4匙糖)、Métrios(2匙咖啡粉＋2匙糖)、Skétos(2匙咖啡粉)。

繼60年代出現的法拉沛咖啡之後，90年代又流行起希臘style的義式濃縮(Espresso)和卡布其諾(Cappuccino)——Freddo Espresso和Freddo Cappuccino，其實就是在冰的義式濃縮和卡布其諾上鋪上一層厚厚的奶泡(afrogala)。據說在Freddo裡加入香草冰淇淋或酒，別有一番風味喔！

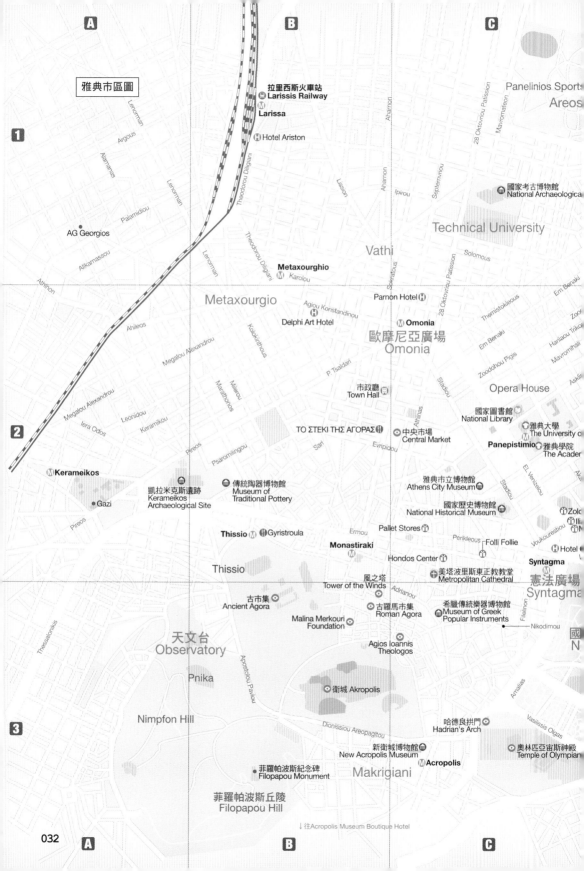

雅典市區圖

1

Lenorman

Argous

Alamanas

Palamidiou

Lenorman

Theodorou Diligiani

拉里西斯火車站
Ⓜ **Larissis Railway**
Ⓜ **Larissa**

Ⓗ Hotel Ariston

Acharnon

Lisson

Ipirou

Acharnon

Septevriou

28 Oktovriou Patission

Mavromateon

Panelinios Sports
Areos

國家考古博物館
National Archaeologica

AG Georgios

Alikarnassou

Athinon

Lenorman

Theodorou Diligiani

Lenorman

Theodorou Diligiani

Vathi

Sakratous

Technical University

Solomous

Metaxourghio
Ⓜ Karolou

Parnon Hotel Ⓗ

28 Oktovriou Patission

Em Benaki

Zoo

Ahileos

Metaxourgio

Agiou Konstandinou

Delphi Art Hotel

Ⓜ **Omonia**

歐摩尼亞廣場
Omonia

Themistokleous

Em Benaki

Harilaou Trikouph

Mavromihali

Zoodohou Pigis

Opera House

Askli

2

Megalou Alexandrou

Iera Odos

Pireos

Megalou Alexandrou

Leonidou

Keramikou

Milerou

Marathonos

Psaromiligou

Kolokinthous

P. Tsaldari

Sari

ΤΟ ΣΤΕΚΙ ΤΗΣ ΑΓΟΡΑΣ Ⓡ

市政廳
Town Hall

Stadiou

Athinas

中央市場
Central Market

Evripidou

國家圖書館
National Library

雅典大學
The University o

Panepistimio 雅典學院
The Acader

EL. Venizelou

Stadiou

Kerameikos

Gazi

Pireos

凱拉米克斯遺跡
Kerameikos
Archaeological Site

傳統陶器博物館
Museum of
Traditional Pottery

雅典市立博物館
Athens City Museum

國家歷史博物館
National Historical Museum

Ⓗ Hotel

Voukourestiou

Zolc

Ili

N

Thissio Ⓜ Ⓗ **Gyristroula**

Monastiraki
Ⓜ

Thissio

Ermou

Pallet Stores Ⓗ

Hondos Center Ⓗ

Perikleous

Folli Follie

美塔波里斯東正教教堂
Metropolitan Cathedral

Syntagma
Ⓜ

憲法廣場
Syntagma

天文台
Observatory

Pnika

Apostolou Pavlou

風之塔
Tower of the Winds

古市集 Ⓣ
Ancient Agora

Malina Merkouri
Foundation

Adrianou

古羅馬市集
Roman Agora

Agios Ioannis
Theologos

Dionissiou Areopagitou

希臘傳統樂器博物館
Museum of Greek
Popular Instruments

Nikodimou

Fileinon

國
N

Nimpfon Hill

衛城 Akropolis

哈德良拱門
Hadrian's Arch

Amalias

Vasilissis Olgas

3

菲羅帕波斯紀念碑
Filopapou Monument

Makrigiani

新衛城博物館
New Acropolis Museum

Ⓜ **Acropolis**

奧林匹亞宙斯神殿
Temple of Olympian

菲羅帕波斯丘陵
Filopapou Hill

↓ 往Acropolis Museum Boutique Hotel

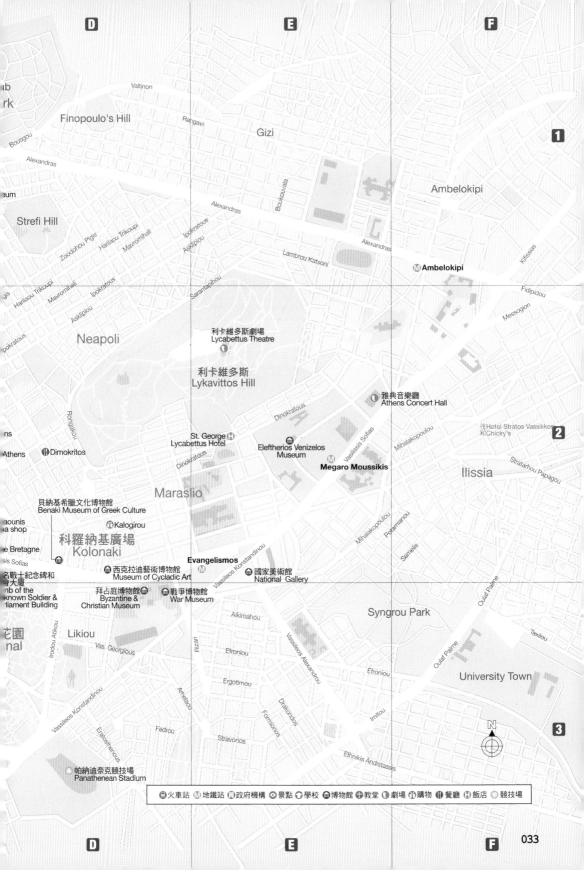

Valtinon

Finopoulo's Hill

Rangavi

Gizi

Ambelokipi

1

Bousgou

Alexandras

Strefi Hill

Zoodohou Pigis
Harilaou Trikoupi
Mavromihali

Alexandras

Ipokratous
Asklipiou

Lambrou Katsoni

Alexandras

Ⓜ **Ambelokipi**

Kifissias

Fidipidou

Messogion

Hariaou Trikoupi
Mavromihali
Asklipiou

Sarantapihou

Ipokratous

Neapoli

利卡維多斯劇場
Lycabettus Theatre
ⓘ

利卡維多斯
Lykavittos Hill

Dinokratous

雅典音樂廳
ⓘ Athens Concert Hall

往Hotel Stratos Vassilikos
和Chicky's

2

Rongakou

St. George Ⓗ
Lycabettus Hotel

Eleftherios Venizelos
Museum

Vassiliis Sofias

Mihalakopoulou

Stratarhou Papagou

Ilissia

Athens

Ⓟ **Dimokritos**

Dinokratous

Ⓜ **Megaro Moussikis**

Maraslio

貝納基希臘文化博物館
Benaki Museum of Greek Culture

Mihalakopoulou

Potamianou

Semele

ⓘ **Kalogirou**

科羅納基廣場
Kolonaki

aounis
a shop

e Bretagne

s Sofias

Ⓜ **Evangelismos**

西克拉迪藝術博物館
Museum of Cycladic Art

戰士紀念碑和
大廈
nown Soldier &
liament Building

拜占庭博物館
Byzantine &
Christian Museum

戰爭博物館
War Museum

Vassileos Konstandinou

國家美術館
National Gallery

Vassileos Alexandrou

Syngrou Park

Oulof Palme

Likiou

Irodou Atikou

Vas. Georgiou

Alkimahou

Rizan

Efroniou

Ergotimou

Efroniou

Imitou

Taxilou

University Town

花園
nal

Vassileos Konstandinou

Eratosthenous

Arheliaou

Fedrou

Stravonos

Diakondos

Formionos

N

3

帕納迪奈克競技場
Panathenean Stadium

Ethnikis Andistassis

希臘的首都，也是歷史悠久的文化古都。

雅典
Athens(Athina)／Αθήνα

達芙妮修道院
Daphni Monastery
皮瑞斯港 ● ◉雅典Athens
Piraeus
伯羅奔尼薩半島
Peloponnese
愛琴娜島 ■ 蘇尼翁
Aegina Sounion
伊卓島
Hydra
米爾特亞海
Mirtoan Sea

打 從西元前8世紀開始，雅典就是座發展極具規模的城邦，如今在現代化市街中仍散布著昔日的衛城、神殿、廣場市集等建設遺跡，新舊交錯的風景，成為雅典特有的城市個性。

從衛城殘留的遺跡仍能想像昔日的城市規模，都是古時榮光的最佳見證。衛城山腳下的區域，稱為布拉卡(Plaka)，是雅典的觀光精華所在，在這裡儘管放鬆心情、放慢腳步，便能感受雅典的城市魅力。

航向雅典的偉大航道

如何前往

飛機

目前從台灣出發並無航班直飛雅典,有許多國際航空公司都提供在第三地轉飛雅典的班機,例如可搭乘泰航從曼谷轉機,或搭乘土耳其航空、阿聯酋航空、荷蘭航空等從歐洲其它都市轉抵雅典。

雅典國際機場正式名稱為艾雷夫瑟里歐斯·威尼塞羅機場(Eleftherios Venizelos Airport,機場代號ATH),位於希臘市區東南方約33公里處,該機場共分為兩層,下層供入境、上層供出境使用,旺季時該機場還提供飛往海島的班機,因此除了是座國際機場外,也當作國內機場使用。

國際機場內附設24小時的旅館訂房櫃台、匯兌中心、租車公司櫃檯,以及能提供非常多協助的希臘國家觀光局旅遊服務中心,旅遊服務中心還免費提供雅典及其他城市的地圖。

雅典國際機場

🌐www.aia.gr

機場至市區交通

火車

從機場也可以搭乘郊區火車前往位於雅典市區西北方的拉里西斯火車站(Larissis Station),可由此再轉搭地鐵前往市區各區,火車營運時間為05:52~23:07,時刻依路線而有不同。另外也有部分火車前往皮瑞斯,以及前往伯羅奔尼薩半島的科林斯。

郊區火車

🌐www.trainose.gr

巴士

機場提供非常方便的大眾交通工具前往市區,其中搭乘巴士是最方便且便宜的方式。X95號巴士前往雅典市中心的憲法廣場,不論日夜15~20分鐘一班,且24小時運行,從機場到憲法廣場,車程約50~60分鐘。X96號巴士經Glyfadha和沿海郊區抵達皮瑞斯港,同樣24小時營運,白天平均每20分鐘一班,深夜約30分鐘一班。

其他還有前往郊區巴士總站Kifissos和Liossion的X93號巴士,白天每小時2~3班,深夜每小時1~2班,以及前往Elliniko地鐵站的X97號巴士。以上巴士票價全票€5.5,半票€2.7,可以在巴士站旁的售票亭購買車票,購票後將車票放入巴士內的打票機戳時生效。

雅典市運輸機構 (Athens Urban Transport Organisation，OASA)

⊙Metsovou 15, Athens

☎210-8200999

🌐www.oasa.gr

地鐵

從機場前往雅典市中心最快速的方式是搭乘地鐵，地鐵3號線和郊區火車共用車站「Airport Eleftherios Venizelos」，可以直接從機場抵達市中心的憲法廣場，或轉搭其他線地鐵前往各處，從機場前往憲法廣場約需45分鐘，機場到市區地鐵營運時間為06:10~23:34，平均約每36分鐘一班。單程車票票價為€9，48小時內的來回車票為€16。車票打票後90分鐘內有效，也可搭乘郊區火車。

雅典地鐵營運公司(Attiko Metro Operation Company S.A.)

🌐www.ametro.gr

雅典城市交通公司(Urban Rail Transport S. A.)

🌐www.stasy.gr

計程車

從機場搭乘計程車前往市區並不會特別快，尤其遇到尖峰時刻，可能會需要將近90分鐘的時間才能從機場抵達市中心，不塞車的時間大約也需要45分鐘。

機場前往雅典市區，計程車費用約€40，前往皮瑞斯港約€57。若是00:00~05:00前往市區約為€55。

Taxi Greece

🌐www.taxigreece.info

如何前往地鐵站

STEP1 從機場前往地鐵站，可以循著「To Trains」的指標前進。

↓

STEP2 出機場再搭手扶梯上天橋。

↓

STEP3 過天橋依指標前進即抵入口大廳。

↓

STEP4 入口處有售票窗口及自動售票機，進入前在這裡購票。

↓

STEP5 購票完成後，在進去地鐵前記得要將票卡在機器前掃描一下。

雅典行前教育懶人包

INFO
基本資訊
人口
　約64萬人
面積
　2,928平方公里
區域號碼
　(210)
時區
　冬季比台灣慢6小時,夏令時間(3月之後的最後一個週日~10月最後一個週日)比台灣慢5小時。
SIM卡
　在希臘有3家電信業者售有上網及打電話的SIM卡,分別是Vodafone、Cosmote及NOVA,費率各家不同,並且淡旺季的優惠組合也不相同,以希臘在地的電信業Cosmote來說,合併上網及通話組合費用約在€5~10。在雅典機場沒有電信櫃台,購買需至熱門的地鐵路口附近,可見穿著電信公司背心的銷售人員,包括憲法廣場、歐摩尼亞地鐵站

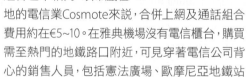

等,可直接向他們購買,並且還會幫忙設定。需特別注意的是通常週日不營業。

行程建議
　和巴黎、倫敦等歐洲知名大城市比較起來,雅典的市區顯得小巧許多,目前只有3條地鐵線貫穿,而且旅遊勝景相當集中在憲法廣場、蒙納斯提拉奇廣場、衛城周圍的布拉卡區、歐摩尼亞廣場一帶,是個非常適合一步一腳印慢慢探索的城市。

　喜歡走路的人,如果以憲法廣場為出發點,向西只要十來分鐘即可輕鬆走到蒙納斯提拉奇廣場,向南也只要十來分鐘走到衛城或哈德良拱門;如果想省點腳力,彼此間搭配一、兩站地鐵即可輕鬆串連。至於稍遠些的科羅納基廣場周邊,也只要再借重地鐵或巴士即可。

舊城歷史之旅
　強烈建議前往國家考古博物館,這些出土自邁錫尼、西克拉迪等文明遺跡的各種寶藏,可以看見西方世界數千年歷史演進的痕跡。之後再走訪有「三胞胎」建築之稱的雅典學院、雅典大學、國家圖書館。

　或前往利卡維多斯山丘,從另一個角度俯瞰雅典市區;對歷史、人文有興趣的人,不要錯過Vasilissis Sofias Ave.附近的眾多博物館。

周邊小旅行

著迷於拜占庭絕美宗教藝術的人，位於近郊的達芙妮修道院是不錯的選擇；心動於地中海自然美景的人，更是不能錯過蘇尼翁岬海神殿的夕陽；號稱「天空之城」的梅特歐拉路途雖然有點遠，但是因為景觀獨特，值得花3天2夜特地前往。

觀光行程

Athens Open Tour

希臘第一家隨上隨下觀光巴士，分駛3條路線(雅典線Athens Line、皮瑞斯線Piraeus Line、海岸線Riviera & Beaches Line)，囊括憲法廣場、貝納基博物館、衛城、哈德良拱門、國家圖書館等超過40個重要景點，欣賞雅典和皮瑞斯古今共存的樣貌。旅客可以在車票效期內隨時在各站上下車，車上並提供14種語言的耳機沿途解說，繞一圈約50~120分鐘。每逢5~10月還有免費的衛城及國家花園的導覽行程。車票可以上網預購、上車購票，或是在市區內的票亭購買。

Line)，每天巡迴繞行衛城、衛城新博物館、國會大廈、宙斯神殿等44個景點，期限內可任意上下車，票券還包含了一杯希臘啤酒以及衛城與巴特農神殿的導覽行程。

除了雙層巴士的行程，也有帆船一日遊、聖托里尼島或米克諾斯島的行程可選擇。

🏠Filellinon 26, Athina 10558

📞210-9220604

時間	4~10月	11~3月
雅典線(A1站上車)	08:30~20:00，每20分鐘一班	08:30~18:30，每30分鐘一班
皮瑞斯線(A7站上車)	11:00~18:00，每60分鐘一班	11:15~16:15，每90分鐘一班
海岸線(A5站上車)	09:00~17:00，每60分鐘一班	╳

單位：歐元 €

價格	一日券		二日券		三日券	
	全票	優待票	全票	優待票	全票	優待票
雅典線	20	8	23	10	X	X
雅典線+皮瑞斯線	X	X	28	12	X	X
雅典線+海岸線	X	X	28	12	X	X
雅典線+皮瑞斯線+海岸線	X	X	33	12	40	12

🌐www.citysightseeing.gr

🎫網站購票另有折扣

🏠Stadiou 10, Athens 10564

📞210-8815207

時間	4~9月	10~3月
雅典線	09:00~19:21，每20分鐘一班	09:00~18:00，每20分鐘一班
皮瑞斯線	09:45~17:20，每75分鐘一班	12:30、14:00、16:00
海岸線	10:00~19:00，每110分鐘一班	11:00、13:00、15:00
夜遊		18:00、19:00、20:00

單位：歐元 €

價格	二日券		三日券	
	全票	優待票	全票	優待票
雅典線	21	9	X	X
雅典線+皮瑞斯線+海岸線	25	9	35	9
夜遊	全票€15、半票€9			

🌐www.athensopentour.com

🎫網站購票另有折扣

City Sightseeing Athens

雅典市區之中經常可見的紅色雙層觀光巴士，遊客輕鬆地坐在上面，透過耳機選擇適合自己的語言版本，即可藉著語音導覽以最速成的方式大略認識雅典一圈。同樣也有有3條路線(雅典線Athens Line、皮瑞斯線Piraeus Line、海岸線Beach Riviera

優惠票券

這些Athens Pass除了包含隨上隨下雙層巴士的車票,還有衛城、帕納迪奈克競技場以及各大博物館(衛城博物館、貝納基希臘文化博物館、戰爭博物館…)的門票,也有1日遊的行程供選擇。另外也可以在合作的餐廳裡享有優惠折扣。

各公司推出的Athens Pass所包含的景點、博物館、半日遊或1日遊有差異,詳細內容及規定請到各家官網查詢。

Athens Unlimited Attractions Pass

☏210-9215293
⑤1日券全票€99、優待票€59,2日券全票€149、優待票€89,3日券全票€219、優待票€139、5日券全票€289、優待票€179

🖰www.iventurecard.com/us/athens/packages/athens-unlimited/
🎫網站購票另有折扣

Athens Museum Pass

☏210-9215293 ⑤2日券全票€79、優待票€35
🖰www.iventurecard.com/us/athens/packages/athens-museum-pass/
🎫網站購票另有折扣

旅遊諮詢

市區諮詢櫃台This is Athens

🖰www.thisisathens.org
機場入境大廳
☏210-3530390
🕐平日08:00~20:00,週末09:00~17:00
憲法廣場Syntagma Square
⊙Vasilissis Amalias Av.
🕐平日09:00~20:00,週末09:00~17:00

雅典市區交通

大眾交通票券

雅典的大眾交通工具(地鐵、巴士、電車)共用 同一種票券,成人市區單程每趟€1.2,可在90分鐘內無限轉乘所有大眾交通工具,另外也有1日券(Daily Ticket)和5日券(5-DAY Ticket),費用各為€4.1和€8.2,必須注意的是,這些票券均不可以搭乘前往機場的地鐵或巴士;3日觀光券(Three Day Tourist Ticket)費用為€20,其中包含可搭乘市區到機場來回的地鐵或巴士。

車票可在地鐵、路面電車車站的自動售票機購買,或是站牌旁的售票亭購買。上車或進地鐵站都要記得到打票機自行打票生效,以免遇到查票員被處罰高額的逃票罰鍰。

雅典地鐵營運公司(Attiko Metro Operation Company S.A.)

🌐www.ametro.gr

雅典城市交通公司(Urban Rail Transport S. A.)

🌐www.stasy.gr

地鐵

雅典地鐵對遊客來說無疑是往來城市間最方便的大眾交通工具,地鐵以數字畫分為3條線,各以不同顏色區分。其中串聯起機場-雅典-皮瑞斯的3號線(藍線)與1號線(綠線),經常為觀

光客使用,不但可以從機場前往雅典市區,沿途經過博物館林立的Vasilissis Sofias大道、憲法廣場、以及位於古市集旁的Monastiraki站,更能直達皮瑞斯,展開前往離島的行程。至於紅色的2號線,則串連起拉里西斯火車站、歐摩尼亞廣場以及憲法廣場,是雅典前往其他城市的重要轉運點。

🔽1號線(綠線)05:30~01:00;2號線(紅線)與3號線(藍線)05:30~00:20,週五及週六行駛到01:30。

市區巴士

雅典市區景點大體上還算密集,不過由於地處多座丘陵,上上下下的地勢有時也讓人走起路來吃不消,尤其是前往郊區的巴士總站必須搭乘巴

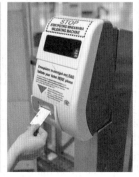

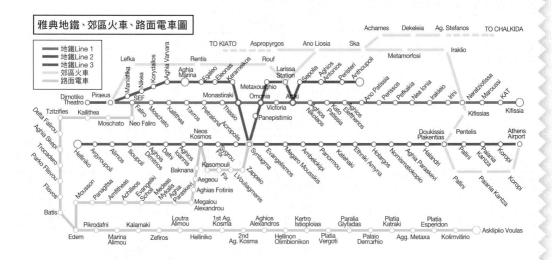

雅典地鐵、郊區火車、路面電車圖

- ━━━ 地鐵Line 1
- ━━━ 地鐵Line 2
- ━━━ 地鐵Line 3
- ━━━ 郊區火車
- ━━━ 路面電車

士前往,因此常常必須換乘地鐵與巴士,不過如果能夠熟悉幾條巴士和電車路線,則可以省去換乘交通工具的麻煩或少走些冤枉路。

連接機場和憲法廣場的X95號巴士,在市區行走於Vasilissis Sofias大道上,因此對於想參觀沿途博物館的人來說不妨多加利用。

☎210-8200999或11185

🕐05:00~24:00

🌐oasa.gr

長途巴士

雅典有兩處主要巴士站,都位於郊區,KTEL Kifissos巴士站一般又稱為A巴士總站,而KTEL Liossion巴士站則稱為B巴士總站。往來於國際間的巴士都停靠於Kifissos巴士站或火車站旁,另外往來於雅典和伯羅奔尼薩之間的巴士,也大都停靠Kifissos巴士站,由此可搭乘51號巴士前往歐摩尼亞廣場附近,再轉搭巴士或地鐵前往雅典各地。至於往來中部及北部希臘如雅典和德爾菲等之間的巴士,則停靠Liossion巴士站,由此可搭乘24號巴士前往市區。

KTEL Companies

☎210-5225656 🌐www.ktelbus.com

KTEL Kifissos巴士站

📍100 Kifissou Str. ☎210-5124910

KTEL Liossion巴士站

📍260 Liossion Str. ☎210-8317186

電車

往來於衛城、憲法廣場、歐摩尼亞廣場和拉里西斯火車站的1號電車,以及往來於Vasilissis Sofias大道、憲法廣場、歐摩尼亞廣場和國家考古博物館附近的3號電車,還有往來於憲法廣場、歐摩尼亞廣場和國家考古博物館附近的5號電車等等,都能讓遊客在雅典旅行時更為方便。

🕐05:30~00:30(週五及週六至01:40)

計程車

雅典景點與景點之間大多相距不遠,因此使用計程車的機率實在不高。雅典的計程車都是黃色的,起跳價格因白天和夜間以及市區與郊區不同,此外起/迄點為機場、港口或火車/巴士站者,需另外支付不等的費用,以無線電叫車以及超過10公斤的行李也會另外計費。搭乘前最好先詢問旅館或飯店大致的費用,以免遇到某些不良司機時車資遭到灌水。

Hellas

☎18180 🌐radiotaxihellas.gr

Kosmos

☎18300 🌐18300.gr

Taxiplon

☎18222 🌐www.taxiplon.gr

王牌景點 ❶

希臘境內多座Akropolis中以雅典市區的這座最負盛名，也是希臘古文明的最佳見證。

造訪衛城理由

❶ 雅典的地標

❷ 古希臘建築的經典之作

❸ 巴特農神殿就在這裡

雅典：雅典衛城

在希臘語中，Akro指的是高地、Polis則是城邦，「衛城」意指「位於高地的城邦」。

👁 **MAP P.32 B3**

衛城
Acropolis／Ακρόπολη Αθηνών

西元前5世紀，雅典居民為了祭祀雅典娜女神，在市區的這座山丘上興建神殿，是衛城最早的雛型，但當時希臘與波斯之間爭戰頻繁，神殿完工後不久就被波斯軍隊占領並燒毀，而後來波斯軍隊又在其他戰役中敗戰、退出希臘，此後雅典的執政官培里克利斯(Perikles)積極設立民主體制，並大力推廣文化、藝術活動，將雅典文明帶向最鼎盛的時期，也在此時著手於衛城的重建工程。

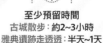

至少預留時間
古城散步：約2~3小時
雅典遺跡走透透：半天~1天

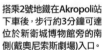

搭乘2號地鐵在Akropoli站下車後，步行約3分鐘可達位於新衛城博物館旁的南側(戴奧尼索斯劇場)入口。

☎ 210-3214172
🕐 08:00~20:00(11~3月至17:00)，最後入場時間為關閉前30分鐘
🚫 1/1、3/25、5/1、12/25~26、復活節週日
💶 全票€20(11~3月€10)、半票€10
🌐 odysseus.culture.gr/h/3/eh351.jsp?obj_id=2384
❗需依照預訂的日期與時段入場，否則無法進入參觀，建議在選定時間前30分鐘抵達
🎫 3/6、4/18、5/18、9月最後一個週末、10/28免費參觀

衛城的角色，除了是祭祀的聖地，也是政治與公共場所、防禦要塞。

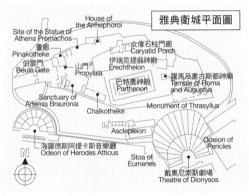

雅典衛城平面圖

House of the Arrhephoroi
Site of the Statue of Athena Promachos
畫廊 Pinakotheke
伯雷門 Béulé Gate
山門 Propylaia
女像石柱門廊 Caryatid Porch
伊瑞克提翁神殿 Erechtheion
巴特農神殿 Parthenon
羅馬及奧古斯都神廟 Temple of Roma and Augustus
Sanctuary of Artemis Brauronia
Chalkotheke
Monument of Thrasyllus
Asclepieion
Odeion of Pericles
海羅德斯阿提卡斯音樂廳 Odeon of Herodes Atticus
Stoa of Eumenes
戴奧尼索斯劇場 Theatre of Dionysos

雅典遺跡參觀攻略

◎票券

雅典遺跡套票有5天效期，包含了衛城、古市集、古羅馬市集、哈德良圖書館、奧林匹亞宙斯神殿、凱拉米克斯遺跡及亞里斯多德學院(Lykeion)的門票，每個景點只限參觀1次。

網路訂票很簡單，系統上的「region」點選「Attica & Central Greece」，接著選擇「Acropolis & Slopes」，然後選擇日期和時段，接著就可以挑選單一景點門票或套票了。

Ⓢ全票€30、優待票€15

Ⓦhhticket.gr

◎免費參觀日

3/6、4/18、5/18、10/28、9月最後一個週末

怎麼玩
衛城才聰明？

欣賞利卡維多斯
山丘的最佳角度

利卡維多斯山丘和衛城這兩座醒目的地標彼此對望，所以從衛城可以**把利卡維多斯山丘一覽無遺**！

做足功課再出發

衛城歷史悠久，處處都有故事，參觀前可以先做些功課了解這個地方。如果沒來得及預習，建議可以先到**新衛城博物館**走一趟，到衛城參觀會更有感覺喔！

最佳參觀時間

想要避開烈日和人潮，可以選擇**一大早或下午**(但別太晚喔，不然就閉館了)前往衛城。另外，記得做好充足的**防曬和隨時補充水分**喔！

絕佳拍攝角度在這裡

衛城入口處旁的**亞略巴古山丘**(Areopagus Hill)，有絕佳的角度可免費眺望衛城，並俯瞰雅典市區。尤其當日落來臨，夕陽光將衛城染成金黃色澤，更是令人驚豔。

一座座以大理石打造的雄偉建築，每座建築的細部更是充分展現精湛的建築工藝。

 戴奧尼索斯劇場
Theatre of Dionysus

在衛城所在的這塊「神聖岩石」下方，分布著古希臘時期最重要的宗教中心之一，尤其是南坡，幾乎可說是古雅典的文化核心，曾經坐落著戴奧尼索斯和阿斯克列皮亞斯(Asklepios)兩位神祇的宏偉聖殿，其中特別是戴奧尼索斯劇場，代表著希臘最古老的劇場。

依稀可透過半圓形舞台後方殘存的部分浮雕，以及前排的大理石座位，追憶曾經盛極一時的情景。

 巴特農神殿
Parthenon

巴特農神殿是許多現代建築的完美典範，大英博物館就是效法它的形式結構建造而成。這座祭祀雅典守護神雅典娜的神廟，象徵全雅典的榮耀與權力，從西元前447年開始建造，花了11年才完成。雅典歷經希臘正教、天主教以及鄂圖曼土耳其帝國等政權統治，使得巴特農神殿也多次轉換身分，甚至一度當成清真寺和彈藥庫使用。

如今神殿雖只剩大致結構，不過仍有許多可觀的細部，像是山牆上的雕刻，描繪了雅典娜誕生的神話，而四周的間壁則是描述特洛伊等戰爭故事。

Did YOU KnoW

蓋一座神殿也要有政治考量？

巴特農神殿外觀是宏偉標準的多立克式圓柱，內部則多採用愛奧尼克式圓柱作為建築細節，據說這是有政治考量的，因為當時雅典的居民多為多利安人(Dorians)與愛奧尼亞人(Ionians)，作為城市中心的神殿當然不免要融合一下兩方族群了！

雅典：雅典衛城

海羅德斯阿提卡斯音樂廳
Odeon of Herodes Atticus

同樣位於南坡的海羅德斯阿提卡斯音樂廳，興建於西元161年，是阿提卡斯的富豪、演說家兼哲學家海羅德斯捐贈給雅典市的禮物，用來紀念他過世於西元160年的妻子Regilla。這座繼Odeon of Pericles和阿格利帕音樂廳(Odeon of Agrippa)之後興建於雅典的第三座音樂廳，儘管現在看到的大理石座位全部翻新修建，不過舞台後方高達28公尺的高牆建築幾乎完全保存下來，但原本覆蓋海羅德斯阿提卡斯音樂廳的木頭天花板，於西元267年時毀於一場大火。

半圓形的座位區以大理石打造而成，分為兩處水平區域，共可容納約5,000名的觀眾。

在古希臘劇場裡聆聽音樂會！
希臘全年最盛大的節慶──希臘藝術節(Athens Epidaurus Festival)，每年大致於6月展開，為期約3個月，希臘本國與來自世界各地的藝術團體，連番於雅典與埃皮道洛斯(Epidavros)登場演出，節目內容涵括音樂、舞蹈、戲劇等。
在雅典，衛城南側的海羅德斯阿提卡斯音樂廳是最主要的展演場地，這座半圓形劇場本身就是座極富歷史價值的古蹟，夏日夜晚在此欣賞音樂會，更是不容錯過的視覺與聽覺享受；此外，市區最高處的利卡維多斯劇場(Lycabettus Theatre)、貝納基博物館(Benaki Museum)以及各個劇場展廳，也都分別有藝術演出。
🌐aefestival.gr **(埃皮道洛斯見P.96)**

山門
Propylaia

這座興建於西元前437~432年間的大門，是衛城的主要入口，出自建築師Mnesikles之手，中央可以看到粗重、樣式簡單的多立克式圓柱，左右兩翼的建築物則採細而精緻的愛奧尼克式圓柱，

這兩種剛柔混合的建築形式是雅典衛城的特徵，也影響了日後許多希臘建築型式。

山門北側的建築為畫廊(Pinacotheca)，從前用來存放朝聖者捐獻的繪畫、財寶等等。至於面對山門、位於山門左前方的粗柱般龐大底座，最初聳立著Pergamon國王Eumenes II的青銅馬車，以紀念他西元前178年在泛雅典(Panathenaia)戰役中獲勝，後來卻被奧古斯都大帝的連襟阿格里帕的雕像所取代。

伯雷門
Beulé Gate

兩旁林立著塔樓，伯雷門屬於西元3世紀時羅馬帝國統治下興建的要塞一部分，以1852年時發現這道門的法國考古學家Emile Beulé命名。

伊瑞克提翁神殿
Erechtheion

這座神殿在早期天主教統治時期一度部分改建為教堂和皇宮，在鄂圖曼土耳其時代更曾經當成蘇丹的後宮。

位於衛城東北側的伊瑞克提翁神殿，興建於西元前421~415年間，時值伯羅奔尼薩戰爭短暫的停戰時期。由於地勢高低起伏不定，形成這座建築獨特的結構，伊瑞克提翁神殿的東西側分別獻給雅典娜和海神波塞頓，此外，也曾經裝飾著宙斯的雷電和波塞頓的三叉戟等神聖標誌。

整座神殿最引人注目的是西側轉角的「少女門廊」(Porch of the Maidens)，6尊被稱為Caryatids的少女像石柱，支撐著這道優雅的門廊。不過今日作為建築樑柱的石像只是模型，真正的遺跡保存在新衛城博物館裡，其中有一個存放在大英博物館。

Did YOU KnoW
少女像石柱的力學秘密！

以6位少女像為神殿石柱是設計師別出心裁的優雅設計，但要支撐起沉重的石作屋頂，少女的頸部顯得過於纖細而支撐力不足，然而加粗頸部又會影響石像的美觀，於是當時的建築師巧妙的為少女石像設計了濃密的頭髮及頂上花籃，成功地解決了建築美學上的難題成為傳世經典！

中心區&布拉卡區

周邊景點

逛完衛城意猶未盡？
四周還有很多古蹟等著你～

新衛城博物館
New Acropolis Museum／Νέου Μουσείου Ακρόπολης

MAP P.32 C3

如何前往
搭乘2號地鐵在Akropoli站下車後，步行約2分鐘可達

info
⌂ Dionysiou Areopagitou 15
☎ 210-9000900
🕐 11~3月09:00~17:00(週五至22:00、週末至20:00)；4~10月09:00~20:00(週一至17:00、週五至22:00)；最後入場時間為閉館前30分鐘
🚫 1/1、5/1、12/25~26，節慶前夕營業時間不同，請上官網查詢
💲 全票€20、優待票€10
🌐 www.theacropolismuseum.gr
🎫 3/6、3/25、5/18、10/28免費參觀

　　新衛城博物館擁有將近14,000平方公尺的展覽空間，主要區分為下、中、上三層：最下層為目前仍持續進行考古工程的挖掘區域，讓參觀者得以透過地面透明玻璃或半開放的空間，了解考古人員如何進行古蹟出土和修復的作業；中層除了陳列著從古希臘到羅馬帝國時期的文物，還有古代展覽廳(The Archaic Gallery)；而最上層則是方型的巴特農展覽廳(The Parthenon Gallery)，展出巴特農神殿各面帶狀裝飾的大理石浮雕。

巴特農展覽廳以大片玻璃採納自然光，更擁有觀賞衛城盤踞山頭的絕佳視野。

雅典：雅典衛城

Did YOU KnoW
因神殿石雕而引發的文化外交爭議？！

在鄂圖曼帝國統治期間，英國貴族埃爾金從衛城搜刮了大批神殿遺跡與大理石雕刻，後來被英國政府收購並收藏於大英博物館中，這批收藏也被稱為「埃爾金石雕」(Elgin Marbles)。希臘政府多年來一直透過各種管道想讓英國歸還這批石雕，但屢遭英國政府拒絕，在2009年新衛城博物館開幕時也一再呼籲英方重視此一問題，然而這樁文化外交爭議目前還是難解的現在進行式！

衛城真正的少女像在這裡！

原本裝飾伊瑞克提翁神殿的原件少女像石柱，收藏於2樓的西側區域。衛城博物館在1樓及2樓前半部皆禁止拍照，少女像是難得可以拍照的展品，也因此總是擠滿拍照人潮。

城門西面隱約可見到刻有「此為雅典古城，忒修斯之都」(ΑΙΔ΄ΕΙΣΙΝ ΑΘΗΝΑΙ ΘΗΣΕΩΣ Η ΠΡΙΝ ΠΟΛΙΣ)的字樣，而東面刻的是「此為哈德良之城，不是忒修斯之都」。

哈德良拱門
Hadrian's Arch
／Αψίδα του Αδριανο

MAP P.46 B1

如何前往

搭乘2號地鐵在Akropoli站下車後，步行約4分鐘可達

info

🏛Amalias路上　⏰24小時

💰免費

　由憲法廣場沿著Amalias路南行，就能見到這座醒目的拱門。西元2世紀時，羅馬皇帝哈德良(Hadrian)在這裡建立高約18公尺、寬約14公尺的拱門，這座半圓形的大理石拱門，以科林斯圓柱支撐起，大門上層同樣以科林斯圓柱架構出3個門洞，造形優雅並且氣勢十足。這座拱門用以區隔雅典的新舊城區。舊城指的是拱門西側、衛城及其山腳下的聚落，而新城則位於拱門東面。

奧林匹亞宙斯神殿
Temple of Olympian Zeus
／Ναὸς τοῦ Ὀλυμπίου Διός

MAP P.46 B1

如何前往

搭乘2號地鐵在Akropoli站下車後，步行約6分鐘可達

info

🏛Vasilisis Olgas Str.　📞210-9226330　⏰08:00~20:00(11~3月至15:00)，最後入場時間為關閉前30分鐘　🚫1/1、3/25、5/1、12/25~26、復活節週日　💰全票€8(11~3月€4)、半票€4　🌐odysseus.culture.gr/h/2/eh251.jsp?obj_id=2488　❗可使用雅典遺跡套票(見P.43)　🎫3/6、4/18、5/18、9月最後一個週末、10/28免費參觀

　早在西元前6世紀，雅典統治者Pesistratos就著手興建一座神殿，獻給宙斯，在他的計劃中，這個興建工程相當浩大，但隨著政權更替移轉，神殿工程

現在的神殿僅存15根圓柱，一旁還有一處長方形的建築地基，是從前哈德良的浴池所在。

一再中斷，延宕了600多年，終於由哈德良在西元131年時完成了這個工程。由104根高107公尺、直徑1.7公尺的科林斯式圓柱所構成的奧林匹亞宙斯神殿，是全希臘規模最大的神殿，原本殿內還有一尊由象牙、黃金所打製的宙斯神像。

帕納迪奈克競技場
Panathenaic Stadium
／Παναθηναϊκό Στάδιο

MAP P.33 D3

如何前往

搭乘2號地鐵在Akropoli站下車後，步行約10分鐘可達；亦可搭乘2、3號地鐵在Syntagma站下車後，穿越國家花園，步行約15分鐘可達

info

🏛Ardettos Hill

☎210-7522984

🕐3~10月08:00~19:00，11~2月08:00~17:00

💰全票€10、半票€5，6歲以下免費

🌐www.panathenaicstadium.gr

　雅典這座競技場最初回溯到西元前331年，它在歷史上最有意義的一刻，就是1896年時成為第一屆現代奧運會的舉辦場所。而2004年奧運會再度回歸雅典舉辦，為此重新整理過後的競技場裡，長橢圓形的場地修築得非常整齊，而斜坡上的大理石座位更呈現嶄新的乳白光澤，站在場地中央，可以感受運動會的盛況。

入口處還有奧運會的紀念碑和頒獎台，許多遊客都喜愛在此合照紀念。

雅典：雅典衛城

奧林匹克運動會為什麼4年舉辦一次？

古代奧林匹克運動會是古希臘人對神祇的崇拜儀式，後來逐漸演變成運動賽會形式，當時最主要的四大集會為祭獻太陽神阿波羅的皮西亞競技會(Pythian Games)、祭獻海神波賽頓的依斯米安競技會(Isthmian Games)、祭祠大力士神海克拉斯的尼米安競技會(Nemean Games)，以及祭獻天神宙斯的奧林匹克競技會(Olympic Games)。這四大集會活動在古希臘時輪流舉行，也就是說每項活動4年才輪到一次，但由於宙斯為眾神之王，所以奧林匹克競技會的規模比其他的競技會盛大，所以現在的奧林匹克運動會也依照當初的形式4年舉辦一次。

帕納迪奈克競技場的光榮事蹟

◎世界上唯一一座用大理石打造的體育館，也被稱為「Kallimarmaro」(美麗的大理石)
◎舉辦了3屆奧運會：1896年、1906年、2004年
◎連續6屆被刻畫在奧運會獎牌上：2004年(雅典)、2008年(北京)、2012年(倫敦)、2016年(里約)、2021年(東京)、2024年(巴黎)

飽餐一頓
走了那麼多路、看了那麼古蹟，用傳統希臘料理來補充體力吧！

裡面沒有任何麵(Pasta)的慕沙卡(Moussaka)的主要材料是茄子、馬鈴薯和肉醬，是希臘旅遊必吃的料理。

除室內空間外，戶外不但有露天座位，還有花園露臺座位，視野相當不錯。

雅典：雅典衛城

Psaras Tavern/Ψαρρά
雅典布拉卡區最古老的餐廳

慕沙卡 €15.5
海鮮 €22.5起
must eat! 推薦菜

🏠 Erotokritou 16

位於衛城北側的階梯街上，Psaras Tavern在兩條路的交接口，不過因為餐廳名稱以希臘文標示，因此常讓遊客錯過而不自覺。這間歷史悠久的餐廳創立於1898年，在當地享有極高的知名度，就連電影《亂世佳人》女主角費雯麗和女星伊莉莎白泰勒，都曾經造訪，從它牆上拼貼木條的石砌餐廳內部展示的黑白相片，便能瞧出輝煌的歷史。

📍P.46A1 🚇搭乘地鐵2、3號線在Syntagma站下，後步行約10分鐘可達 ☎210-3218734 ⏰11:30~00:30 🈺
www.psaras-taverna.gr

Scholarhio/Σχολαρχείο
最傳統的希臘料理

高麗菜肉捲
Lahanodolmades
€8.5
套餐 €20/人
推薦菜

 🏠 Tripodon 14

和Psaras Tavern同樣位於衛城山腳下，且兩者相距不過步行約2分鐘的距離，這間傳統希臘料理餐廳，從1935年來開始營業至今，多次獲得外國旅遊指南的推薦。Scholarhio菜單琳瑯滿目，每天都供應20道希臘特色菜，除了可以單點之外，有可以選擇1至多人套餐，人數越多則可選擇越多菜色。

📍P.46B1 🚇搭乘地鐵2、3號線在Syntagma站下，後步行約10分鐘可達 ☎210-3247605 ⏰11:30~24:00 🈺週二

外觀為一棟裝飾紛花與常春藤的綠色建築，這裡號稱提供最傳統的希臘家庭料理。

Vyzantino (Byzantino)/Βυζαντινό
經典希臘料理

🏠 Kidathineon 18

雞肉串燒
souvlaki
€12.5
must eat! 推薦菜

Vyzantino(又寫成Byzantino，即拜占庭)創立於1948年，這間大眾餐廳不但擁有室內空間，還有占據一個街區的露天座位，服務人員在路旁熱情攬客，餐廳氣氛友善熱絡。餐廳從中午營業至凌晨，一整天不間斷提供希臘傳統食物，除食物美味價格合理外，還推出經濟實惠的套餐供遊客選擇。

📍P.46B1 🚇搭乘2號地鐵在Akropoli站下車後，步行約5分鐘可達；或搭乘地鐵2、3號線在Syntagma站下，後步行約10分鐘可達 ☎210-3227368 ⏰09:00~01:00 🈺www.vyzantinorestaurant.gr

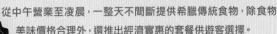

蘇格拉底、柏拉圖等都曾在此發表演說，
而它正是出現於世界史中的「古希臘」場景。

如今因政權更替與
時代久遠，大多建築
都僅存部分殘跡。

雅典‧古市集

MAP P.46 A1

古市集
Ancient Agora／Αρχαία Αγορά

造訪古市集理由

1 雅典的史前遺跡之一

2 古希臘人的商業文化中心

3 民主思想的發源地

　　「阿哥拉」(Agora)在希臘文中是「市集」的意思，在古希臘時期，市集除了商業之外還有政治、宗教、文化的功能，市民在市集裡購物之餘，還會討論政治、交換新聞時事等。這座位於衛城山腳下的古市集，早在西元前6世紀便已發展成形，一座座公共建築陸續興建，包括神殿、公共集會所、音樂堂等，日後其功能性為古羅馬市集所取代，於是逐漸變成住宅區。

古市集平面圖

宙斯柱廊
Dios Eletherious Stoa

長方形會堂

海菲斯塔斯神殿
Temple of Hephaestus

阿雷斯神殿
Temple of Ares

阿塔羅斯柱廊
Stoa of Attalos

宙斯祭壇
Mnimio Ton
Eponymon Hroon

圓形建物
Tholos

阿格利帕音樂廳
Odeon of Agrippa

中央柱廊

N

這裡也可以看到哈德良皇帝的雕像。

怎麼玩
古市集才聰明？

一張票看完雅典遺跡

雅典遺跡套票包含了衛城、古市集、凱拉米克斯遺跡等景點的門票，如果這些景點都在你的行程表上，可以購買這張票！

現代「阿哥拉」

號稱「雅典的廚房」的**中央市場**，販售肉類、海鮮、蔬果等，每天擠滿買菜的雅典人，充滿當地生活真實的趣味。(見P.72)

至少預留時間
古蹟＋博物館：約2~3小時
雅典遺跡走透透：半天~1天

搭乘1號地鐵在Thissio站下車後，步行約5分鐘可達。

ⓘThissio Sq & 24 Andrianou Str. 210-3210185 ⏰08:00~17:00，最後入場16:40 ✕1/1、3/25、5/1、12/25~26、復活節週日 💰全票€10(11~3月€5)、半票€5 💻odysseus.culture.gr/h/3/eh351.jsp?obj_id=2485 ❶可使用雅典遺跡套票(見P.43) 🎫3/6、4/18、5/18、9月最後一個週末、10/28免費參觀

聖使徒堂(Church of the Holy Apostles)是雅典拜占庭中期興建的第一座教堂，為古市集裡僅有的兩座保存狀況良好的建築。

發揮你的想像力,透過這些留下來的神殿、雕像追憶昔日的繁華市集…

阿塔羅斯柱廊
Stoa of Attalos

阿塔羅斯柱廊是希臘境內唯一一棟完全復原的建築,走廊上45支多立克式柱,加上22支愛奧尼亞克柱,展現優雅的古典風格。復原後的阿塔羅斯柱廊,現在是古市集博物館,館內收藏遺跡中發現的陶器、雕刻、錢幣、劇院門票、面具等等,相當有趣,像是曾手持象徵勝利緞帶的屈膝少年香水瓶、曾經裝飾阿格利帕音樂廳的海神Triton頭像等等,都令人印象深刻。

巨人宮的面積比音樂廳更加遼闊,有浴池、數間廳房、兩座柱廊中庭和花園,如今只剩殘存的基座追憶昔日規模。

雅典:古市集

阿格利帕音樂廳和體育場
Odeon of Agrippa & Gymnasium

從今日殘存的立面巨人與Triton廊柱,不難想像阿格利帕音樂廳曾經多麼宏偉,這座為音樂表演而設計的建築,以它的捐贈者、同時也是奧古斯都大帝的女婿阿格利帕命名,興建於西元前15年,仿效露天圓形劇場的觀眾席,約可容納1千名的觀眾。

音樂廳的正門位於西側,北側另有一座小型的四柱式山門直接通往舞台區,此外,還一度擁有毫無內部支撐的斜屋頂,可惜於西元150年左右坍塌。該建築於西元267年時同樣因為Heruli的入侵而毀於一場大火中,後來再重建成體育場。

神殿比巴特農神殿要早2年建成,其多立克式廊柱保持良好。

希臘建築柱式

在古希臘建築中,最常見的有3種柱式:

◎多立克柱式(Doric)

柱頭無裝飾、柱身雄壯且多凹槽,上細下粗以修正視線錯覺,雖然簡潔而不華麗,但呈現雄偉的氣勢,以衛城巴特農神殿、市郊蘇尼翁岬的海神殿為代表。

◎愛奧尼克柱式(Ionic)

與多立克柱式相較,愛奧尼克柱式較為纖細,柱身同樣有凹槽,其最大特徵為柱頭的羊角狀的漩渦裝飾,以衛城的伊瑞克提翁神殿為代表。

◎科林斯柱式(Corinthian)

為3大柱式中最晚期的型式,裝飾繁複,以莨苕葉為造型的柱頭裝飾為最大特點,奧林匹亞宙斯神殿為這種柱式的最佳代表。

海菲斯塔斯神殿
Temple of Hephaestus

這座神殿東西兩側較短,各由6根廊柱撐起,較長的南北兩側,則分立13根廊柱,其名稱來自於神殿內祭祀的工藝之神海菲斯塔斯,跟這一帶發達的金屬鑄造業有關。不過到了西元7世紀時,該神殿搖身一變成為希臘東正教體系下獻給聖喬治的St. George Akamates教堂,直到西元1834年希臘獨立後、雅典成為該國的正式首都,由第一位國王奧圖一世(Otto I)下令宣布海菲斯塔斯神殿為博物館和考古古蹟。

Did YOU KnoW

這些器具都是海菲斯塔斯的作品喔!

海菲斯塔斯身為火神,主要掌管冶煉,所以又稱工藝之神,傳說中他製造了許多著名的武器及工具,包括太陽神阿波羅飛馳天空的座車及丘比特手上可成就姻緣的愛神之箭都是出自他的手呢!

注意你的腳下!
別只顧著欣賞遺跡,古市集裡不時會有希臘陸龜路過,尤其是海菲斯塔斯神殿四周。牠也算是古市集的特色之一,說不定就在你的腳邊喔!

如今只留存圓形的牆基可供辨識。

圓形建物
Tholos

直徑為18公尺的圓形建築,屬於古希臘議會堂的一部分,由各個部落選出的執政官,在議會堂開會,討論種種議題、決定城邦的各項政策,而這個由Cimon興建於西元前約470年的建築,是執政官們的餐廳和休息室。

看完附近另一個比較小的**古羅馬市集**後，從古希臘回到現代，到**跳蚤市場**尋寶去～

與古市集之間以一條鋪石街道相連接的古羅馬市集，又稱為凱薩和奧古斯都市集。

風之塔據說是世界上第一座氣象站，設有日晷、水鐘以及以Triton神設計的風向標，如今已看不到，使它具備方向指標、計時、測量風向等功能於一身。

MAP P.46 A1

古羅馬市集與風之塔
Roman Agora & Tower of the Winds／Ρωμηικη Αγορά, Αέρηδεςα

如何前往

搭乘1、3號地鐵在Monastiraki站下車後，步行約5分鐘可達

info

📍Pelopida & Eolou Str. ☎210-3245220 🕐08:00~20:00(11~3月至15:00)，最後入場時間為關閉前30分鐘 ❌1/1、3/25、5/1、12/25~26、復活節週日 💲全票€8(11~3月€4)、半票€4 🌐odysseus.culture.gr/h/3/eh351.jsp?obj_id=2402 ❶可使用雅典遺跡套票(見P.43) 🎟3/6、4/18、5/18、9月最後一個週末、10/28免費參觀

根據該遺跡西側的主要入口統治者雅典娜之門(Gate of Athena Archegetis)上的銘文記載，古羅馬市集始建於西元前1世紀，由一座四周圍繞著廊柱的寬廣露天庭院組成，這座羅馬時期的遺跡最早是市民的集會場所兼市場，東面林立著商店和次要入口，南面則是一處噴泉，次要入口通往公廁和風之塔。

儘管古羅馬市集逐漸取代了古希臘市

大家都想要向它致敬！

風之塔經典的八角造型啟發了無數建築設計師，受希臘文化影響甚鉅的歐洲各國自然也紛紛仿照它興建類似的塔，比如說18世紀在英國牛津建造的雷德克里夫天文台、希臘國家圖書館創立者Panayis Athanase Vagliano在倫敦的陵墓，甚至連在俄羅斯的塞瓦斯托波爾及北愛爾蘭的斯圖瓦特山山腳也有相似的塔形建築呢！

雷德克里夫天文台

Panayis Athanase Vagliano的陵墓

集的功能，成為雅典的商業中心，不過隨著時光流逝，如今只剩下部分基座和殘柱聳立於黃土上，唯獨位於其中的八角型風之塔，保存完整的結構且塔上雕刻依舊清晰可見。

橄欖油、涼鞋、香皂、天然海綿、橄欖木、乾果香料…任何你想得到的希臘紀念品在這裡都找得到，非常值得花半天時間來參觀。

沿著蒙納斯提拉奇地鐵站四周的巷弄內，不論假日與否，就是一個極具人氣的鬧區，露天餐廳、咖啡館一家挨著一家開著。

MAP
P.46
A1

跳蚤市場
Athens Flea Market／Αγορά Υπαίθρια

如何前往
搭乘1、3號地鐵在Monastiraki站下車後，步行約2分鐘可達
info
🏠Ifestou Str.

　　位於蒙納斯提拉奇(Monastiraki)地鐵站附近的Ifestou路，是著名的跳蚤市場街，在路口有一個橫聯寫著「flea-market」，但事實上真正賣二手用品的跳蚤市在週末、假日才舉行，而且位置在Ifestou路末端的Agiou Filippou廣場上。從一早起，舊貨攤就開始在固定的位置上陳列各種二手商品，以銅器、玻璃製品、珠寶首飾、舊時擺飾居多，其中不乏許多樣式典雅的古董，是個值得挖寶的地方。

MAP
P.46
A1

哈德良圖書館
Hadrian's Library／Βιβλιοθήκη του Αδριανού

如何前往
搭乘1、3號地鐵在Monastiraki站下車後，步行約2分鐘可達
info
🏠Areos Str.　☎210-3249350　🕐08:00~20:00(11~3月至15:00)，最後入場時間為關閉前30分鐘　❌1/1、5/1、12/25~26、復活節週日　💶全票€6(11~3月€3)、半票€3　🌐odysseus.culture.gr/h/3/eh351.jsp?obj_id=2370　❗可使用雅典遺跡套票(見P.43)　🎫3/6、4/18、5/18、9月最後一個週末、10/28免費參觀

　　西元132年時，在羅馬皇帝哈德良(Hadrian)的命令下，於衛城的北側興建了

這座延續傳統古羅馬議事亭廣場建築風格的圖書館。該建築僅擁有一道入口，四周環繞著高大的牆壁，內部中庭並環繞著柱廊，於中央點綴著一座水池，水池後方曾聳立著出現於西元5世紀時的教堂。據說真正用來存放書卷的部分僅占一小部分，為位於東側的長方形建築，兩旁附屬的大廳則當作閱讀室使用。

美塔波里斯東正教教堂
Metropolitan Cathedral／Μητρόπολη Αθηνών

©wikimedia C messier

內部金碧輝煌的裝飾也非常值得參觀。

如何前往

搭乘2、3號地鐵在Syntagma站下車，或搭1、3號地鐵在Monastiraki站下車後，步行約5分鐘可達

info

⌂Mitropoeos Square

💰免費

❗禁止穿短褲、背心進入教堂參觀

在雅典看慣了各種遺跡之後，對美塔波里斯東正教教堂這樣嶄新的建築反而有點不習慣，事實上這間暱稱為Metropolis的教堂並不新，由奧圖國王和阿瑪莉亞皇后(Queen Amalia)於1842年奠基興建，歷經20年的工程才完工，它是雅典最重要的教堂之一，希臘總統的宣示典禮，或種種重要的國家慶典都是在這裡舉行，不幸的是，許多遊行抗議也常常選在這裡，所以外壁常常需要整修，也因此給人相當新穎的錯覺。

教堂以來自72間拆毀的教堂的大理石為其龐大牆壁的材質，裡頭長眠著兩位於鄂圖曼土耳其帝國統治期間殉道的聖人遺骨。

你有看到迷你版的美塔波里斯東正教教堂嗎？

©wikimedia Jebulon

小巧的Agios Eleftherios Church聖埃萊夫塞里奧斯教堂建於12世紀初，為拜占庭風格建築，由於規模小又位在著名的美塔波里斯教堂旁邊，所以也有個暱稱叫做小美塔波里斯教堂(Little Metropolis Church)！

凱拉米克斯遺跡
Kerameikos Archaeological Site／Κεραμεικός

如何前往

搭乘1號地鐵在Thissio站下車後，步行約7分鐘可達

info

⌂Ermou 148　📞210-3463552　🕐08:00~19:00 (11~3月至15:00)，最後入場時間為關閉前30分鐘　❌1/1、3/25、5/1、12/25~26、復活節週日　💰全票€8(11~3月€4)、優待票€4　🌐odysseus.culture.gr/h/3/eh351.jsp?obj_id=2392　❗可使用雅典遺跡套票(見P.43)　🎫3/6、4/18、5/18、9月最後一個週末、10/28免費參觀

「Kerameikos」在希臘文中是陶器之意，古時這裡曾是陶器及花瓶畫家的居住地。此區靠近河岸邊，也因為不斷受到河水淹

這裡的雕刻是複製品，真跡都被收藏在凱拉米克斯博物館、國家考古博物館中。

沒，而逐漸發展成為古雅典最重要的墓地。這條河流被深埋在地底長達幾個世紀，其上為如今的Ermou街，直到1960年代的考古挖掘工程中，才再次重見天日。

凱拉米克斯最早的墓地可追溯到青銅器時代早期，大約是西元前2000~2700年，之後墓地不斷被人們使用並擴大範圍，在希臘化時期及拜占庭時期，也就是西元前338年~6世紀，仍持續被使用著。

值得一逛

出門旅遊少不了血拼行程，
來把希臘特色紀念品帶回家～

紅色的店面和金色的招牌，Aristokratikon給人一種既復古又優雅的感覺，櫥窗中陳列的各色巧克力，讓人忍不住貼著玻璃仔細端倪一番。

MAP P.46 B1 **Folli Follie**

如何前往

搭乘地鐵2、3號線在Syntagma站下，後步行約7分鐘可達

info

⚲Ermou 34　☏211-0019692

🕐09:00~21:00(週六至19:00)

🚫週日　🌐www.follifollie.com

　Folli Follie是少數聞名國際的希臘品牌，這個專門設計和生產珠寶飾品和手錶的精品，於1982年由Koutsolioutsos夫婦創立於雅典，並於1995年時大舉進軍世界，以純銀威尼斯琉璃珠寶系列打響名號，之後陸續以色彩繽紛的半寶石和彩鑽鑲嵌走出自己的特色。如今Folli Follie不只鑽研首飾，更積極開發皮件、太陽眼鏡等相關配件。走在雅典街頭，經常可見當地人手提Folli Follie購物袋，可見該品牌在當地人的日常生活中扮演的重要角色；目前光是在雅典就有十多家分店。

MAP P.46 B1 **Aristokratikon**

如何前往

搭乘地鐵2、3號線在Syntagma站下，後步行約3分鐘可達

info

⚲Voulis 7　☏210-3220546

🕐08:00~21:00(週六至16:00)

🚫週日　🌐aristokratikon.com

　這間創立於1928年的巧克力專門店，以手工巧克力擄獲眾人的心，包括摩納哥王妃葛麗絲凱莉和希臘裔美聲歌劇女高音瑪麗亞卡拉絲，都難逃其魅力。店內的巧克力不但造型獨特且口味多樣，最重要的是口感不會太甜，也因此讓它得以風行至今。

Kedima

MAP P.46 B1

如何前往

搭乘2號地鐵在Acropoli站下車後，步行約5分鐘可達

info

⌂Adrianou 117　☎210-3220464

🕘09:00~23:00　🌐greekways.gr

秉持著向世界推廣希臘藝術與文化的目標，創立於1986年的Kedima以高品質的傳統刺繡工藝，發展一系列美化居家的飾品。長桌巾、方桌布、手帕、杯墊、面紙盒…琳瑯滿目的用品將整間店裝飾得色彩繽紛，花朵、橄欖、辣椒…所有象徵圖案全成為最美麗的刺繡裝飾，如果你熱愛居家布置，這間店恐怕會讓你荷包大為出血。

店裡各式造型俏皮的手工香皂簡直比真正的甜點還誘人。

Fresh Line

MAP P.46 B1

如何前往

搭乘地鐵2、3號線在Syntagma站下，後步行約6分鐘可達

info

⌂Ermou 30　☎210-3246500　🕘09:00~20:00(週二、週四及週五至21:00)　週日　🌐Evaggelistrias 18

走過Fresh Line門外，空氣中甜甜的香氣令人精神為之一振，這是希臘的香氛產品品牌，強調利用天然的、有機栽培的各種植物，提煉出香精，手工製作出香皂、沐浴品、保養品、香水等。產品系列還特地結合希臘的古老神話，以不同的神話人物像是雅典娜、阿特米斯、宙斯、荷米斯等命名。

Pallet Stores

MAP P.46 B1

如何前往

搭乘地鐵2、3號線在Syntagma站下，後步行約5分鐘可達

info

⌂Evaggelistrias 18　☎210-3232344

🕘10:00~21:00(週六為19:00)

🈵週日　🌐www.pallet-stores.gr

Pallet Stores是希臘本土的家用品連鎖店，許多城市都可看到，產品從大型家具、

小型飾品、廚房杯盤、收納盒、蠟燭等生活雜貨琳瑯滿目，包括本土產品，也有不少飄著異國風，價格走平易近人路線，但仍不失活潑的現代設計感。

雅典：古市集

飽餐一頓

這裡有烤肉、口袋餅、農夫沙拉等希臘料理，還是你想吃石鍋拌飯、壽司、生魚片等日韓料理？

Bairaktaris Tavern
百年土耳其烤肉店

牛＋羊肉kebab €10.9
豬肉gyros €11.9
推薦菜
Must eat!

71-88 Mitropoleos St

Bairaktaris Tavern餐廳於1879年開始創業，百多年來都由Bairaktaris家族經營，室內掛著眾多曾經光臨的名人照片，為輕鬆的氣氛增添一股懷舊的氣息。這裡提供各式各樣希臘的傳統料理，包括紅酒燉牛肉、茄汁肉球、炸櫛瓜、土耳其式烤肉(Kebab或Gyros，台灣較熟悉的「沙威瑪」)搭配口袋餅(Pita)等。

P.46A1　搭乘1、3號地鐵在Monastiraki站下車後，步行約1分鐘可達　210-3216969　09:00～02:00
www.bairaktaris.gr

雅典：古市集

**雞肉
豬肉gyros**
€4.4
推薦菜

Gyristroula
希臘傳統燒烤

🏠 **Asomaton 9**

位在古市集北側的Gyristroula餐廳，主要以提供希臘傳統料理和燒烤(Souvlaki)聞名，無論是牛、羊、豬肉或海鮮，在拿捏得宜的火候下，烤到口感恰到好處，分量又大碗，服務也很親切活潑；加上它就位於Thissio地鐵站出口不遠處，交通相當方便，因此非常受雅典人歡迎。前往古市集那天，不妨將它列入考量。

📍P.32B2 🚇搭乘1號地鐵在Thissio站下車後，步行約1分鐘可達 ☎210-3211966 🕐11:00~01:00(週五及週六至02:00) 🌐gyristroula.gr

---

**烤肉
€2.5起**
推薦菜

O Thanasis/Θανάσης
平價燒烤料理

🏠 **Mitropoleos 69**

同樣位於Monastirak地鐵站廣場旁，就在Bairaktaris隔壁，範圍橫跨好幾家店面，燒烤是這間餐廳的招牌，另外土耳其式烤肉也相當受人歡迎，由於是間大眾餐廳，沒有太多華麗的裝潢，但因為合理的價格與美味的食物而吸引眾人，另外外帶餐點也相當實惠，每份不到3歐元，對於想節省餐費或無暇坐下細細品嘗餐點的人來説，無疑是最好的選擇。

📍P.46A1 🚇搭乘1、3號地鐵在Monastiraki站下車後，步行約1分鐘可達 ☎210-3244705 🕐10:00~01:00(週五至01:30、週六至02:00) 🌐souvlaki-othanasis.gr

**韓式烤肉 €15
套餐 €28**
推薦菜

Dosirak
日式韓式料理

🏠 **Voulis 33**

如果在旅行雅典的途中突然懷念起家鄉味，或是想品嘗亞洲熱食與料理，Dosirak或許是不錯的選擇。位於憲法廣場附近，這間亞洲餐廳提供韓國烤肉、煎餅和石鍋拌飯等料理，隨主菜附贈多樣小菜，另外也有日式燒烤、壽司、生魚片和天婦羅等食物可供選擇。

📍P.46B1 🚇搭乘地鐵2、3號線在Syntagma站下，後步行約5分鐘可達 ☎210-3233330 🕐12:00~23:30(週五及週六至24:00) 🌐dosirak-athens.gr

想認識希臘古文明？
來這裡就對了！

王牌景點 ③

造訪國家考古博物館理由

① 希臘古代遺跡的精華

② 希臘文明的演替

雅典：：國家考古博物館

MAP
P.32
C1

國家考古博物館

National Archaeological Museum／
Εθνικό Αρχαιολογικό Μουσείο

位於雅典的國家考古博物館，收藏了希臘所有古代遺跡的精華，是認識希臘古文明最生動的教材，特別是史前文明展覽廳中，展示著自邁錫尼遺跡中挖掘出土的各種寶藏，為希臘史前歷史空白的一頁，描繪出鮮明的輪廓。進入歷史書寫的時代之後，整個希臘文明的演替，反映在人像雕刻的形式風格上，沿參觀方向前進，可以看到數千年歷史演進的痕跡。

至少預留時間
認識古希臘文明：約3~4小時
走馬看花：約1~2小時

搭乘1、2號地鐵在Omonia站下車後，步行約10分鐘可達。

🏠 28is Oktovriou 44　☎ 213-2144800　🕐 4~10月08:00~20:00（週二13:00起），11~3月08:30~15:30（週二13:00起）　🚫 1/1、3/25、5/1、12/25~26、復活節週日　💰 全票€12（11~3月€6），半票€6　🌐 www.namuseum.gr　🎫 3/6、4/18、5/18、9月最後一個週末、10/28，以及11~3月第一個週日免費參觀

怎麼玩
國家考古博物館才聰明？

這些日子是免費的喔！

每逢3/6、4/18、5/18、10/28，
以及9月的最後一個週末和
11~3月的第一個週日都可以
免費參觀！

雅典：國家考古博物館

史前文明展廳陳列各種在伯羅奔尼
薩半島及愛琴海諸島等地發現的陶
器、黃金製品、青銅器、象牙雕刻…

博物館主要分為史前(Prehistoric Collection)、雕刻(Sculpture Collection)、青銅器(Bronze Collection)、花瓶與小藝術品(Vases and Minor Arts)、古埃及文物(Egyptian Collection)和古塞普勒斯文物(Cypriot Collection)共6大類。

Did YOU KnoW

希臘竟然有兩個國慶日？！

希臘國家考古博物館坐落於**Patission Street**，這條街道也被稱為「10月28日街(28 October Street)」。別小看這個奇怪的街道名稱，10月28日可是希臘兩個國慶日之一(另一個國慶日是3月25日)，這來自於1940年10月28日希臘政府勇敢地拒絕當時義大利獨裁者墨索里尼的招降頑強抵抗成功，所以10月28日又稱為「說"不"節」(Ohi/Oxi Day)，直到現在，在這一天舉行群眾示威抗議也成為希臘的傳統。至於另一個國慶日源自於1825年3月25日爆發的反抗土耳其統治革命，而後促使希臘獨立。

從雕像展覽廳裡的雕像，由最早受到埃及文明的影響到後來羅馬時期的作品，不但在形式、內容和題材上，都反映了希臘歷史社會的演進。

一起坐上返回古希臘的「時光機」～

必看重點

史前文明古物
Prehistoric Antiquities

從挖掘出的各種器皿、工具當中，可以得知此時期的古希臘人已經從游牧生活慢慢進入農耕的生活型態，許多農業技術逐漸演進、同時也發展出豢養動物的方法、擁有固定的居所…而除了陶器，人像有的以陶土捏塑，有的則是以大理石雕刻而成，對象大部分為女性。

陶器上的繪畫多為幾何圖案或波形紋，還沒有具體的敘事圖案，顏色也大多是以紅、黑兩色為主。

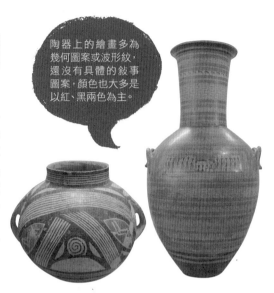

雅典：國家考古博物館

西克拉迪文明展覽廳
Cycladic Collection

這些從墳墓、住宅遺跡中挖掘出來的古物，推斷為西元前3000年左右，挖掘者克利斯多·曹塔斯(Christos Tsountas)將它們通稱為西克拉迪文明，他們不但擁有高明的雕刻技術可以切割磨平堅硬的大理石，同時，鑄造各種功能的青銅工具、武器的技術也非常發達。

從這些古物可以大膽推斷在青銅器時代，愛琴海區域、西克拉德斯群島上曾經發展出一個海洋文明。

◎女性大理石像

這個巨大的雕像，高約1.5公尺，從阿摩哥斯島(Amorgos)上挖掘出土，有幾個特徵與其他島嶼上發現的雕像類似，像是比例特別修長的腿、膝蓋處微微張開、雙手交叉抱在前胸、左手在右手上方、手部雕刻非常平板、胸部微凸、位置有點過高、面部成平滑的區面、中央有挺直狹窄的鼻樑突出等。

◎懷孕女性大理石像

這座雕像發現於錫洛斯島(Syros)，與上述的女性大理石像有些類似，但是肩膀較寬、手臂微張，頭部不是橢圓形而呈倒三角形，像這類擁有些微差異但大體上屬於同種姿勢的大理石雕像，幾乎在每座島上都可發現，而這座雕像唯一與眾不同的地方是：在交叉的雙手下，有明顯突出的腹部，因此推斷，這是一尊懷孕婦女的雕像！

◎音樂家群像

由於西克拉迪文明出土的雕像大部分為女性，使得這兩座男子雕像顯得非常稀有，它們發現於一座名為凱洛斯(Keros)的小島，該島就在出土大量西克拉迪文明遺跡的阿摩哥斯島對面，平常只是一個放牧區，可想而知，當發現這兩座音樂家雕像時，有多麼吃驚！

這些雕像從每一面看都由流暢的線條構成，呈現一種寧靜、神秘的氣氛。

正在吹奏雙管笛子的音樂家，張開的雙腳彷彿隨音樂搖擺，活潑的動作與直立僵硬的女性雕像完全不同。

這座雕像是一個坐在椅子上、手抱著豎琴的人，一般推斷這位音樂家應該是一位宮廷遊唱詩人或英雄，因為他坐的那張椅子造型非常富麗華貴。

提拉文明展覽廳
Antiquities of Thera

提拉文明(1600 BC)展覽廳中陳列著色彩非常鮮豔的壁畫，以及描繪精細圖案的陶器，這些都是聖托里尼島南邊挖掘出土的阿克羅提尼古城中發現的遺物，證實史前時代愛琴海上除了克里特島上的米諾安文明之外，聖托里尼島也有一個經濟活動發達、生活富足的提拉文明。

◎漁夫壁畫

推測出現於西元前16世紀，從壁畫中，可以看到一位年輕健美的裸體男性，兩手各持一大串豐富的漁獲，從圖中可以推測當時已有優良的捕魚技術。

◎拳擊少年

這幅壁畫非常有名，常常出現在名信片上，無論是動作或表情都非常鮮明活潑，是一幅經典之作。

邁錫尼時期展覽廳
Mycenaean Antiquities

邁錫尼時期展覽廳的藏品，大部份是從邁錫尼城遺跡和墓穴中挖掘出土的寶藏，如各種黃金打造的飾品、青銅匕首、獸頭造型的酒器、象牙雕刻、陶器、泥塑像等等，顯示在西元前1600～1200年之間，在伯羅奔尼薩半島上發展出來的邁錫尼文明，擁有高度的工藝技術、完整的社會組織、發達的商業等等。

然而最重要的是，從一些類似克里特島上的圖案、造型以及死者臉上覆蓋金面具的儀式(來自埃及)，證明邁錫尼文明不侷限於伯羅奔尼薩半島，它與愛琴海甚至遠至埃及都有文化上的交流，這也說明了邁錫尼文明時期，希臘人已擁有高水準的航海技術。

◎阿伽門農純金面具

邁錫尼時期展覽廳中有4張金面具，但是從雕工和保存的完整性來看，以編號624的「阿伽門農純金面具」最讓人讚嘆！這張精緻的黃金面具傳說是依照邁錫尼最偉大的君主阿伽門農的臉所打造的，但也有一說是比阿伽門農早3個世紀前的某位國王的臉。從鬍鬚、鬢角、眉毛流動交錯的線條，可以看出工匠的用心，同時也可以推測這位君王在世時，一定擁有無上的權利和威嚴。

◎戰士出征陶器

從邁錫尼城出土的寶物中，有許多描述戰爭、狩獵的場景，從這些圖案中可以讓後人認識更多關於邁錫尼時期人們使用的盔甲、頭盔、戰服、戰車、盾牌、各種兵器等的造型。

從戰士們臉上空虛的表情，一旁黑衣婦女驚慌失措、絕望的姿態，可以推想這是邁錫尼時期末期，將要被多利安蠻族毀滅之前的作品。

◎青銅匕首

這隻青銅鑄造的匕首，發現自邁錫尼城一位男子的墳墓，不但證明邁錫尼時期仍屬於青銅器時代，同時也說明了當時金屬裝飾工藝已經達到巔峰。匕首兩側都有純金的圖案裝飾，一面是敘述5位武士與雄獅搏鬥的場景，另一面則是描繪一隻獅子追捕一群羚羊的景象。

◎水晶杯

體積不大，卻擁有迷人的設計，主體是以水晶雕刻而成的鴨子，鴨子的頭迴轉過來，讓頸子形成一個彎曲的把手，而最吸引人的就是在半透明的水晶之間，還有流動的純金線條，使這個西元前16世紀的作品至今依舊充滿現代設計感。

◎鴿子金杯

荷馬史詩裡曾有一段對金杯的描述：「杯子的每個把手上站著一隻金鴿子，彷彿在飲水，把手下方有兩條長柄支撐著…」而從四號墓穴中挖掘出土的這只鴿子金杯，竟然和史詩中的描述相似，讓人再一次想到荷馬所描述的古希臘故事或許並非完全虛構。

公牛頭的造型顯然受到克里特島上米諾安文明的影響。

◎獸頭酒器

在眾多金杯當中，最受注目的就是青銅打造的公牛頭酒器，其中高舉的尖角、鼻子、頭頂上的裝飾花紋，則為純金材質，兩種不同素材的結合，充滿平衡美感與威嚴氣勢，另外還有一座獅頭造型酒器，則完全以黃金打造而成。這兩件華麗而龐大的酒器，反映當時邁錫尼王室的浮誇生活。

荷馬史詩中的黃金王國

荷馬史詩中曾經稱讚邁錫尼是個「鋪滿黃金的地方」，雖然這只是一個美麗的傳說，但是看到「邁錫尼時期展覽廳」裡各式各樣精緻的黃金雕刻時，令人不禁開始懷疑：也許這個傳說並不假！

而當初挖掘邁錫尼城的富商施里曼先生(也是發現特洛伊城的人)就是抱著對荷馬史詩的迷戀而展開挖掘行動，雖然他的許多推論都被考古學者推翻，但事實證明，荷馬史詩中對邁錫尼文明的各種生活用品、服裝的描述極具參考價值。

展覽廳中看到的這些寶物，都依稀可以看到一些荷馬史詩中的影子。

青銅器展示廳
Metalwork

這個區域展示了非常豐富的希臘古代青銅器收藏，其數量之多，讓其他博物館無法相提並論，除了幾件大型銅器塑像外，大部分是收藏在玻璃櫃裡小巧的裝飾品或生活用具，收集地點從伯羅奔尼薩半島、雅典到克里特島都有，其中有許多是雅典和伯羅奔尼薩半島上青銅鑄造商店生產的複製品。

花瓶與小藝術品展覽廳
Vases and Minor Arts

這區以紅、黑、白等顏料彩繪的陶器，展現希臘人的生活型態，敘述漁獵、戰爭和各種神話故事，不但是一種藝術品的鑑賞，更可以藉由繪畫了解希臘的神話與歷史。這裡所蒐羅的陶器無論在數量或品質上，其它博物館都很難與之匹敵。

雕刻展覽廳
Sculpture Collection

　展出從西元前8世紀～西元5世紀的雕刻作品,超過16,000件,數量相當龐大,主要發掘自阿提卡地區、希臘中部、伯羅奔尼薩半島、愛琴海各島等,也有部分來自希臘西部、馬其頓、塞普勒斯等地區,其中許多都曾經是當年的風雲代表作。

古樸時期雕刻
Archaic Period

此區展示著西元前8世紀～480年(也就是希臘人與波斯帝國發生波斯戰爭之前)的古樸時期雕像,最大的特徵在於雕像強調左右對稱,形式深受埃及雕刻美學影響。

這類紀念死者的雕像在當時非常盛行。

◎庫羅斯青年雕像

庫羅斯(Kouros)雕像是這一區中最有趣的展示品,自不同地方、不同時期的庫羅斯像,由於主題相同,可以明顯看出雕刻技術的演進。從The Sounion Kouros(西元前600年)與Kouros(西元前560～550年)之間存在著最明顯的差別,前者頭部的比例過大,捲髮工整而死板,左右兩邊幾乎平行對稱,後者兩腳張開打破對稱,無論是肌肉的刻畫,或是臉部表情都比前者來得生動,看得出藝術家在人像雕刻研究上大有進展。

◎菲席克列伊亞像

這座立於墳墓上的雕像,完成於西元前550年～540年之間。裙子前的花紋、腳上的鞋子、手上戴的飾品都刻畫得非常清楚。從雕像手持物品放在胸前的姿態,可以感受到對死者逝去的美麗所引發的感傷。

古典時期雕刻
Classical Period

大多數是西元前5世紀～西元330年的作品，這是雕刻技術最突飛猛進的一個時期，可以看到雅典守護神雅典娜穿著戰袍的英勇神姿，還可以看到各種浮雕敍述神話故事、人與神之間的交流、人間與神界的戰爭等等。

◎宙斯或波賽頓

全館最有名的雕像就是這座青銅塑像，完成時間約為西元前460年。但究竟是萬神之父宙斯或宙斯的兄弟海神波賽頓？至今依舊沒有確切的答案。

雕像擁有非常優美的體型，左手向前水平伸展、右手向後舉起，似乎要拿起閃電或三叉長矛擲向前方的目標，姿態非常神勇。而這座高達2公尺巨型銅像在優美的姿態下竟然可以保持平衡，是雕塑技術上非常難得的進步。傳說它是愛琴海領域中一位非常有名的雕刻家Kalamis的傑作。

> 這座雕像是1928年從阿提米席翁海岬附近的海底撈起，沉沒之因至今仍是一個謎。

◎騎馬的少年

推斷雕像完成的時期是西元前140年，軀體瘦弱的小孩乘坐在即將飛躍而起的馬背上，顯得非常生動，有趣的是，銅像發現地點竟然也在宙斯像發現的阿提米席翁海岬附近海域。

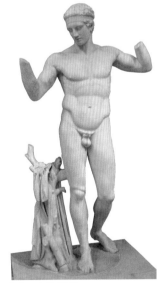

◎狄阿多美諾斯

這座在狄洛斯島(Delos)上發現的狄阿多美諾斯(Diadoumenos)大理石雕像，被當時的人認為是男子最理想的體態。

不想再看古老的建築了？
來看看19世紀的雅典建築三部曲、當地人的「廚房」…

雅典學院・雅典大學・國家圖書館

MAP P.32 C2

The Academy of Athens, The University of Athens & National Library／Ακαδημία Αθηνών, Εθνικόν και Καποδιστριακόν Πανεπιστήμιον Αθηνών, Εθνική Βιβλιοθήκη

如何前往

搭乘2號地鐵在Panepistimiou站下車後，步行約1分鐘可達

info

🌐Panepistimiou 28-32

☎雅典學院210-3364700、國家圖書館210-3382541

🔗雅典學院www.academyofathens.gr、雅典大學www.uoa.gr、國家圖書館www.nlg.gr

雅典學院、雅典大學、國家圖書館三棟建築相鄰而立，它們是來自丹麥的建築師韓森兄弟(Theophil Hansen)設計的建築三部曲(The Athenian Trilogy)，規畫於19世紀中葉。當時正值歐洲興起新古典主義風格的時代，因此模仿希臘古典時期的建築，大量採用柱子、走廊等形式，加上栩栩如生的雕像，展現古希臘的典雅風格。

以多立克柱式為主的國家圖書館，靈感來自古市集的海菲斯塔斯神殿。

創立於1837年的雅典大學，是希臘歷史最悠久的大學。

學院入口兩側階梯端坐著古希臘哲學家柏拉圖和蘇格拉底。(圖為柏拉圖)

雅典：國家考古博物館

雅典學院模仿了雅典衛城神殿，以愛奧尼克式列柱撐起主體建築，而兩根高柱分別聳立雅典娜與阿波羅的雕像。

希臘國家圖書館其實搬家了！

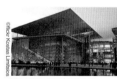

2018年國家圖書館進行了希臘史上規模最大的書籍搬遷計畫，將館內超過70萬件的館藏圖書從原本市中心的舊館址遷移至海岸邊的Stavros Niarchos Foundation Cultural Centre (SNFCC)。SNFCC前身是2004年雅典奧運停車場的一部分，後來歷經10年的設計規劃建成現今容納希臘國家圖書館、希臘國家歌劇院及大公園的重要文化設施地標。

中央市場
Central Market／Αγορά

MAP P.32 C2

> 市場裡面多是販售肉類、海鮮的攤販；至於蔬果、乳酪、橄欖等食品攤，則是在建築外圍和阿提那斯路對面的露天市場裡。

如何前往

搭乘1、2號地鐵在Omonia站下車後，步行約5分鐘可達

info

⊙Athinas 42 ◷07:00~18:00 ⊛週日

雅典有兩個市場非常有名，除了布拉卡區附近的跳蚤市場，另一個就是在歐摩尼亞廣場附近、阿提那斯路(Athinas)上的「現代阿哥拉」大市場，號稱「雅典的廚房」。每天從清晨起，大市場裡就擠滿買菜的雅典人，認真地討價還價，為一天三餐打點，直到中午人潮慢慢退去。這一帶環境較雜亂，觀光客不多，但是卻充滿雅典人生活真實的趣味。

雅典市立博物館
Athens City Museum／Μουσείο της Πόλεως των Αθηνών

MAP P.32 C2

如何前往

搭乘2號地鐵在Panepistimiou站下車後，步行約3分鐘可達

info

⊙Ioannou Paparrigopoulou 5-7

☎210-3231397

☉athenscitymuseum.gr

◷平日09:00~16:00，週末10:00~15:00

⊛週二、1/1、12/25~26、復活節週日及週一

⊚全票€5、優待票€3

雅典市立博物館開幕於1980年，背後的推手是曾任國會議員的Lambros Eutaxias，他不但是一位大名鼎鼎的藝術收藏家，同時也熱愛搜集所有與雅典相關的事物，於是在1973年時他將自己和叔叔Alexandros Vouros的收藏整合，成為今日雅典市立博物館中陳列的展覽品。該博物館中收藏著多幅精彩的19世紀水彩畫，而最引人注目的是一座展示雅典1842年時模樣的模型，豐富的細節勾勒出這座昔日小鎮當時的面貌。

不是希臘人的希臘國王？

希臘總督喬奧尼斯·卡波季斯第亞斯於1831年遇刺身亡後國家陷入無政府狀態。當時的歐洲強國英、法、俄就在隔年決議選擇當時才17歲的巴伐利亞王子奧圖成為希臘國王，稱為奧圖一世，為希臘近代首位國王。雖然他常以穿著希臘傳統服飾及簡樸作風贏得民心，但由於統治能力平庸及對土耳其戰爭失敗，在之後1862年的十月政變中被推翻下台。

> 這裡也曾是奧圖一世的臨時皇宮。

值得一逛

希臘特產不只是橄欖和皮涼鞋，這些珠寶設計品牌和乳香膠(Mastiha)產品你聽過嗎？

Ilias Lalaounis
MAP P.32 C2

如何前往
搭乘地鐵2、3號線在Syntagma站下，後步行約3分鐘可達

info
◎6 Panepistimiou Ave. & Voukourestiou street
☎210-3611371
◐10:00~17:00(週二、週四及週五至20:30)
◐週日 ⓦlalaounis.com

　　希臘珠寶圈中的另一個享譽國際的知名品牌，就是Ilias Lalaounis。Ilias Lalaounis以個人姓名為品牌，這位出生於布拉卡區珠寶世家的設計師，取材自古希臘雕刻與藝術，將其重現於現代黃金飾品上，致力研究古希臘文化長達20多年的他，作品融合古往今來，其中特別是傳統手編法技巧最受矚目。

希臘第一間珠寶藝術博物館

©wikimedia

Ilias Lalaounis位於布拉卡區的老家被改建成博物館對外開放，裡面主要展示這位珠寶設計師1957~2002年期間設計與監督的作品，想更深入了解他的作品以及創作理念的人不妨抽空前往欣賞。

Ilias Lalaounis Jewelry Museum (ILJM)
◎Kallisperi 12 & Karyatidon Str. ☎210-9221044 ◐09:00~15:00(週三及週六至18:00)
◐週一、週日及例假日 ⑤全票€10、優待票€5
ⓦwww.lalaounis-jewelrymuseum.gr ❀5/18、10/4免費參觀

Mastihashop
MAP P.32 C2

如何前往
搭乘地鐵2、3號線在Syntagma站下，後步行約2分鐘可達

info
◎Panepistimiou 6 & Kriezotou ☎210-3632750 ◐平日09:00~21:00，週六10:00~18:00 ◐週日 ⓜmastihashop.com

　　希臘愛琴海島Chios盛產一種名為Mastiha的乳香膠，源自天然植物乳香黃連木樹(lentisk)的汁液，口感略為苦澀，呈眼淚狀滴到地下後，馬上散發出獨特的香氣。由於具備殺菌的功能，因此近年來逐漸受到矚目，從昔日運用於飲食烹調上增加香氣外，近年來也廣泛運用於醫學發展上。

Zolotas
MAP P.32 C2

如何前往
搭乘地鐵2、3號線在Syntagma站下，後步行約5分鐘可達

info
◎Panepistimiou 10 ☎210-3601272
◐10:00~16:00(週二、週四及週五至20:00)
◐週日 ⓦwww.zolotas.gr

　　1895年時，年僅21歲的Efthimios Zolotas在雅典的St. Markos街，創立了他的第一間店。他前往法國鑽研珠寶設計，也因此成為首位將法國精緻的珠寶藝術技巧引進希臘的人，據說甘乃迪夫人賈桂琳生前也是該品牌的愛用者。

Zolotas善長長黃金與白金飾品，搭配鑽石鑲嵌，靈感與風格同樣取材自古希臘藝術。

利卡維多斯山丘和衛城這兩座醒目的地標彼此對望，形成雅典著名的景觀。

造訪利卡維多斯山丘理由

1 雅典的最高地標

2 浪漫夕陽和晚餐

3 降旗儀式

海拔277公尺的利卡維多斯山丘，是雅典最高的地標，山丘底部環種綠意盎然的松樹，頂端則像一塊巨大而尖銳的錐狀岩石。

雅典、利卡維多斯山丘

MAP
P.33
E2

利卡維多斯山丘
Lycabettus Hill／Λυκαβηττός

雅典的最高地標——利卡維多斯山丘(Lykavittos Hill)，從廣場狹窄的街道往上走，逐漸脫離熱鬧的商業氣氛，走進全然的住宅區，這片東南面的斜坡擁有欣賞衛城和國家花園，也因此吸引無數遊客前往。白天天氣晴朗時，山丘上甚至可以遠眺皮瑞斯港；黃昏時更是它最熱鬧的時刻，除觀光客外，許多雅典的上班族也前來享受夕陽和萬家燈火的景觀，也因此山丘附近分布了多家高級餐廳和咖啡館。

伴隨日落的降國旗儀式

眾所皆知，利卡維多斯山是觀賞雅典日落及夜景的最佳位置，越近黃昏山頂教堂的觀景廣場越是擠滿前來一覽美景的觀光客們，在此廣場每到日落時分就會有兩位軍人前來進行降下希臘國旗的儀式，彷彿宣告絕美夕陽正要開始！有興趣的話不妨算準了時間在日落前到訪，不僅可以看到這個有趣的降國旗儀式，還能一覽雅典城市的日景與夕陽！

至少預留時間
完成IG打卡任務：約0.5~1小時
爬個山＋拍個照＋吃個飯：約2~3小時

搭乘3號地鐵在Evangelismos站下車後，步行約15分鐘可達纜車站。由此可步行約20分鐘上山，或是搭乘3分鐘的纜車直達山頂。

☎ 210-7210701
🌐 www.lycabettushill.com
◎ 纜車Teleferik
📍 Ploutarhiou & Aristippou Str
🕐 09:00~02:30，每30分鐘一班
💶 單程€7，來回€10
❗ 纜車時刻視季節不同而可能調整
◎ Orizontes景觀餐廳
🕐 12:30~00:30
💶 主餐€27起
🌐 www.orizonteslycabettus.gr

位於東面較低處的利卡維多斯劇場(Lycabettus Theatre)，是雅典每年5~10月舉辦露天音樂會的主要場所。

山頂上坐落著一棟純白的教堂Chapel of Ayios Yeóryios，在豔陽的照射下，閃耀令人難以逼視的白色光芒。

不同時段、不同的美

©flickr sidxyer

白天和晚上的利卡維多斯山丘景色不一樣，可以早晚都來一趟，這裡也是雅典熱門**夕陽和夜景**點喔！

優越的地理位置

©flickr Amphithoe

東南面的斜坡擁有欣賞**衛城**和**國家花園**，天氣晴朗時，視野甚至可以延伸到位於雅典西南方約10公里處的**皮瑞斯港**。

不想走路？坐纜車吧！

雖然**纜車**無法看到任何外景，但只需大約**3分鐘**就可以抵達山頂。你也可以選擇坐纜車上去，再步行下山，天黑後走下山要注意安全喔！

Did YOU KnoW

它是雅典娜搬來的？！

根據希臘神話記載，當時雅典娜忙於建造衛城，因此將祂為求永生而施法放在箱子中養育的兒子Erichthonius，託付給雅典國王Cecrops的3個女兒照顧，不料Pandrosus在姊妹的慫恿下出於好奇打開了箱子，不但解除了Erichthonius擁有不死之軀的魔法，三姊妹也因此發了瘋，聽到這個消息的雅典娜過於驚訝，使手中的大岩石滑落下來，也就是今日的利卡維多斯山丘。

雅典：利卡維多斯山丘

山丘附近聚集了各種博物館，可以展開半日或一日希臘文化之旅！也別忘了帥氣的衛兵交接儀式～

MAP
P.33
D2

貝納基希臘文化博物館
Benaki Museum of Greek Culture
／Μουσείο Μπενάκη Ελληνικού Πολιτισμού

創辦人安東尼·貝納基（Antonis Benakis）1926年定居雅典後，決定將他多年來收藏的藝術品捐出，同時也將自家屋宅捐出做為展場。

如何前往

搭乘3號地鐵在Evangelismos站下車後，步行約7分鐘可達

info

⊕Koumpari 1. ☎210-3671000 ⊙10:00~18:00（週四至24:00、週日至16:00）閉館前1小時最後入場 ㊝週二、1/1、3/25、5/1、8/15、10/28、12/25~12/26、復活節週日及週一 ⊙常設展全票€12、半票€9；特展全票€8、半票€6 ⊕www.benaki.org ⊛常設展每週四18:00~24:00免費，5/18全館免費

這座位於外國使館區的新古典式樣建築，是希臘數一數二的私人博物館。

館內收藏如今超過6萬件，範圍遍及繪畫、珠寶、織品、民俗藝術品等諸多面向，年代則涵蓋古希臘、羅馬時期、拜占庭時期、希臘獨立一直到近代均有蒐羅，因此從這些展品可以體現希臘的藝術演進。

博物館的紀念品店，販售許多仿古藝品，由於相當精緻且具希臘歷史特色，附近的駐外使節常至此購買，做為致贈賓客的禮品。而它位於頂樓的咖啡館，可欣賞一旁國家花園的美麗風景，因此也相當受到歡迎。

Did YOU KnoW

蝦米！創辦人的心臟就嵌在博物館的牆壁裡！

這間博物館是創辦人安東尼·貝納基的畢生心血收藏，所以他在1954年逝世後，家人就依遺囑將他的心臟砌入博物館入口處的牆壁內，雖然從建築物外觀上看不到，但大家不妨在入口處牆壁感應一下創辦人對自家收藏的熱情吧！

雅典：利卡維多斯山丘

 MAP P.33 D2

西克拉迪藝術博物館
Museum of Cycladic Art／
Μουσείο Κυκλαδικής Τέχνης

如何前往

搭乘3號地鐵在Evangelismos站下車後,步行約
5分鐘可達

info

🏛 Neofitou Douka 4

📞 210-7228321

🕐 10:00~17:00(週四至20:00),週日11:00~17:00

🚫 週二、1/1、3/25、5/1、6/13、8/15、12/25~12/26、
　　復活節週日及週一

💶 常設展全票€12、半票€9;特展€6;
　　常設展＋特展全票€16、半票€12

🌐 cycladic.gr

這尊名為「持杯坐俑」(Seated figurine - the cup-bearer)的雕像,呈現生動的律動感,令人印象深刻。

西克拉迪藝術博物館的成立,起源於一對醉心古希臘藝術的Goulandris夫婦,打從60年代開始,他們便著手蒐集古董藝術品,其中來自西克拉德斯群島的史前文物,特別受到他們的青睞,而隨著蒐藏文物的增加,終於在1986年時以博物館之姿對外開放。

博物館裡最大宗的展品,就屬西克拉迪文明的藝術品,孕育於西元前3200~2000年之間,以群島盛產的大理石為素材,抽象的造型、光滑的刻面,是該時期藝術品的最大特色。

戰爭博物館
War Museum
／Πολεμικό Μουσείο

如何前往

搭乘3號地鐵在Evangelismos站下車後，步行約2分鐘可達

info

⊕Vasilissis Sofias Avenue And Rizari St 2-4

☎210-7252974

🕐11~3月09:00~17:00，4~10月09:00~19:00

⊗1/1、5/1、12/25~12/26、復活節週日及週一

💰全票€6、半票€3 🌐warmuseum.gr

✿3/25、4/18、5/18、9月的最後一個週末、10/28，以及11~3月每月的第一個週日免費

與拜占庭暨基督教博物館比鄰的戰爭博物館，成立於1975年7月，收藏了希臘由古至今的各項武器與戰爭相關文物，藉以讓參觀者了解希臘的歷史發展，也由此推展和平的理念。

館內的空間則依年代劃分為數個展覽室，古希臘時期的盔甲武器、亞歷山大東征與拜占庭時期的雕作繪畫、希臘獨立戰爭與巴爾幹戰爭的圖文史料，一直到兩次世界大戰的照片，都在館內展出，若是軍事迷可千萬不能錯過。

雅典：利卡維多斯山丘

館外的空間置放了幾架曾在戰役中使用過的戰機、大砲等，遠遠地就吸引了遊客的注意力。

博物館坐落於一棟19世紀的公爵宅邸，建築古典優雅，也曾是當年上流社會的社交場所。

MAP P.33 D3

拜占庭暨基督教博物館
Byzantine and Christian Museum／
Βυζαντινό και Χριστιανικό Μουσείο

如何前往

搭乘3號地鐵在Evangelismos站下車後，步行約3分鐘可達

info

⌂Leof. Vasilissis Sofias 22

☎213-2139517

◐08:30~15:30

㊡1/1、3/25、5/1、12/25~12/26、復活節

⊙全票€8(11~3月€4)

🌐www.byzantinemuseum.gr/en

西元4世紀時拜占庭帝國建立，一直到1453年鄂圖曼土耳其帝國興起，拜占庭文化深深影響了歐洲世界的藝術發展，而這座拜占庭暨基督教博物館正是一窺其精華的最佳據點。

博物館主要分為兩大部分，以年代區隔，第一部份「從古代到拜占庭」，透過各項文物，可以認識從古希臘到拜占庭這段過渡時期間宗教、生活與藝術上的演變；第二部分則是「拜占庭時期」，依年代順

序，將眾多的聖像、壁畫、鑲嵌畫與祭壇用品等分別展示，更能深刻發覺其藝術上的演變。

MAP P.33 D3

國會大廈
Parliament Building
／Βουλή των Ελλήνων

在1929年決定將它當成議會大樓使用前,這裡還一度改設成醫院和博物館。

如何前往

搭乘2、3號地鐵在Syntagma站下車後,步行約1分鐘可達

info

⌖Parliament Mansion (Megaro Voulis)

☎210-3707000

🌐www.hellenicparliament.gr

❶國會大廈不對外開放;無名戰士紀念碑前每整點舉行一次衛兵交接儀式

　　樓高3層的希臘國會大廈為新古典主義風格,多利克式柱聳立於前、後立面,更增添該建築對稱的線條。興建於1836~1840年間,來自巴伐利亞的建築師Friedrich von Gärtner替希臘第一位國王奧圖一世設計了這座皇宮,儘管後來皇室夫婦搬到了新皇宮居住,不過直到1924年公投決意取消君主政治後,皇室成員才完全搬離此處。

帥氣的衛兵交接儀式
Parliament Mansion (Megaro Voulis)

無名戰士之墓的衛兵交接儀式,是雅典最吸引人的參觀活動,每30分鐘左右交換位置,每小時輪換衛兵,最精采的是在週日11:00的大規模交接儀式,總擠滿欣賞的人潮。你知道為什麼Evzones要大力地踏步嗎?據說這樣是為了告訴沉睡在地下的無名英雄知道他們並不孤單,Evzones一直都在崗位上留守。

無名戰士紀念碑
Tomb of the Unknown Soldier／Μνημείο του Αγνώστου Στρατιώτη

在國會大廈前方,有一座巨大的橫向石碑,讓人遠看猶如鑲嵌於建築立面上,事實上,它是憲法廣場周邊最熱門的景點無名戰士紀念碑。希臘在獨立的過程中備嘗艱辛,歷經土耳其人長達將近4世紀的統治,在多次的戰役中許多犧牲的戰士至今依舊無法確認其遺骸,而為了紀念他們對於國家的奉獻與犧牲,希臘政府特別在1929年時修建該紀念碑。

紀念碑上刻畫著多位橫躺在地的士兵浮雕,兩旁並寫下古希臘歷史學家的名言。

Did You Know

衛兵鞋子上的大絨球是幹嘛的?

千挑萬選的總統侍衛Evzones除了身高、顏值都很夠看外(要至少187公分可以擔任喔!),風格獨具又時尚的傳統制服也是無數遊客朝聖的重點,這套制服起源於希臘獨立戰爭期間反抗土耳其佔領軍的「山匪」服裝,每個部分都有其獨特的意義。

帽子的紅色代表了為戰士的血,長長的黑色流蘇則代表了戰士的眼淚。

藍白色的富斯塔內拉(fustanella)圍裙有四百褶象徵著鄂圖曼土耳其帝國四百年的統治。

黑色大絨球據說以前是用來擦槍的呢!也有另一說法是黑色絨球可以暖腳,甚至在裡面藏有對付敵人的利器。

每雙鞋子(tsarouchia)各約3.5公斤,鞋底裝了60枚釘子。

雅典‧利卡維多斯山丘

海岬上的神殿、隱身於森林中的世界遺產，你想去哪個？

蘇尼翁位於阿提卡半島東南隅，是一座三面環海的海岬，從雅典市區往蘇尼翁，濱海而行。

蘇尼翁
MAP P.34
Sounion／Σούνιο

如何前往

從雅典的國家考古博物館旁的巴士總站搭乘巴士前往蘇尼翁，每日約3班次

⊙雅典到蘇尼翁10:30、14:30、16:30；蘇尼翁到雅典13:45、17:30、20:00 ⊙單程票€5~7，於車上購票(只接受現金) ⊙ktelattikis.gr

　距離雅典市區約70公里的蘇尼翁，是最受雅典居民喜愛的休憩場所，也是以夕照聞名的浪漫場景，關於它最早的記載，出現於荷馬史詩《奧德賽》中，不過讓世人對它留下深刻印象的，是英國詩人拜倫(Lord Byron)兩度造訪後，在《希臘島嶼》(Isles of Greece)中那段寫下對它的描述，以及他刻在神殿柱子上的「簽名」。

拜倫你也太沒公德心了！

這座臨海壯闊的海神廟在崇尚古希臘文化的18、19世紀非常受到歐洲當時文青們的熱愛，紛紛前往此地朝聖，但想必當時還沒有不能破壞古蹟的公共意識，大家紛紛把名字刻在石柱上留下「到此一遊」的痕跡，就連著名的英國詩人拜倫(Lord Byron)也是其中之一，他的大名就刻在其中一個石柱上，大家不妨找看看吧！

Did YOU KnoW

愛琴海的由來其實是樁人倫悲劇？！

雅典國王愛琴(Aegeus)的兒子泰修斯(Theseus)自告奮勇要去克里特島刺殺半人半牛的怪物(Minotaur)，愛子心切的國王臨行前與泰修斯約定，如果他凱旋歸來，就將船帆換成白色，如若失敗身亡則用原本的黑帆。

國王每日都到蘇尼翁角眺望過往船隻，結果當泰修斯完成任務平安歸來時，一時忘記將船帆換成白色，愛琴國王從岸邊看到兒子船上的黑帆誤以為兒子被怪物吃掉了，悲痛的跳海自盡。為了紀念他，從此這片海就命名為愛琴海。

海神殿
Temple of Poseidon／Ναός του Ποσειδώνα

蘇尼翁的地標，是雄踞於海拔約60公尺高岩丘上的海神殿。西元前5世紀，雅典市民特別在這個面海的岬角，建造神殿獻給海神波塞頓，與雅典衛城屬於同一時期的作品，它的建築風格酷似雅典古市集的海菲斯塔斯神殿，根據推測可能出自同一位建築師之手。

⊙229-2039363 ⊙9:30~日落，日落前20分鐘最後入場 ⊙1/1、3/25、5/1、12/25~26、復活節週日 ⊙全票€10、半票€5 ⊙odysseus.culture.gr/h/3/eh351.jsp?obj_id=2390 ⊙3/6、4/18、5/18、10/28、9月最後一個週末

由於地理位置居高臨下，殘缺神殿襯著碧藍的海水，這樣的景致更顯浪漫。

海神殿和巴特農神殿一樣都是多立克列柱的大理石建築，原本前後各有6根、側面各13根多立克式柱。

圓頂中央的耶穌注視著人世間的子民。

二樓有一座投影室不斷放映修復後的內部馬賽克鑲嵌。

MAP P.34

達芙妮修道院
Daphni Monastery／Μονή Δαφνίου

如何前往

從地鐵站Agia Marina下車後，搭乘801、811、836、865、866、876、A16等公車至Psyciatreio/Moni Dafniou站

info

☎210-5811558　◷08:30~15:30

❻週一、週二、1/1、3/25、5/1、12/25~26　❺免費

🌐odysseus.culture.gr/h/2/eh251.jsp?obj_id=1514

　　今日的達芙妮修道院創立於西元1080年，然而早在西元6世紀時，這裡就已經出現過一座獻給聖母瑪莉亞的小型修道院，不過因為西元7~8世紀時斯拉夫人入侵，使得該修道院遭到棄置。

　　達芙妮修道院在興建的過程中躲過了多次遭入侵者破壞與地震的厄運，落成為一座十字造型、中央聳立大型圓頂的拜占庭式建築，1211年時，來自法國的西斯妥會修士(Cistercian Monks)替修道院的立面增建了兩座法國哥德式的拱門，然而到了土耳其人統治時期，這裡成為一處軍營，直至16世紀才重回希臘東正教的懷抱。

Did YOU KnoW
誰是達芙妮？

達芙妮修道院坐落的這片土地，早在西元4世紀時就曾經出現過一座阿波羅神殿，而這也是達芙妮當地名稱的由來！達芙妮在希臘文中的意思是「月桂樹」，據說阿波羅因為中了愛神的箭，於是瘋狂追求河神的女兒達芙妮，不堪其擾的女方於是要求宙斯將她變成月桂樹，也因此在此區經常可見該樹蹤跡。

並列世界遺產的三座拜占庭修道院！

除了達芙妮修道院，荷西歐斯盧卡斯(Hosios Loukas)與巧斯島的新修女修道院(Nea Moni of Chios)皆為拜占庭文化第二黃金時期的佳作，從建築美學到內部裝飾的馬賽克圖案書，在在展現了拜占庭藝術的精華，也因此在1990年此希臘三個修道院被並列納入世界遺產。

©wikimedia Berthold Werner

巧斯島的新修女修道院

©wikimedia Lunar sea n

荷西歐斯盧卡斯

同場加映

離開雅典
的周邊小旅行

雅典四周還有不少古老的城鎮值得一去，不論租車或是搭巴士，半天內就可以抵達！被稱為阿波羅的聖地的「德爾菲」、黃金帝國「邁錫尼」、漂浮在半空中的修道院群「梅特歐拉」、古代醫療中心「埃皮道洛斯」…來到希臘旅遊，怎能錯過這些充滿神話故事的古城！

卡蘭巴卡
Kalambaka

Trikala ●   ● Larissa

德爾菲
Delphi

達芙妮修道院
Daphni Monastery 雅典Athens

伯羅奔尼薩半島   科林斯   ● 皮瑞斯港Piraeus
Peloponnese   Corinth

皮爾戈斯   奧林匹亞   邁錫尼   愛琴娜島
Pirgos   Olympia   Mycenae   Aegina   ● 蘇尼翁Sounion

埃皮道洛斯
Epidaurus

納普良
Nafplio   伊卓島
                           Hydra

斯巴達Sparta

米斯特拉   米爾特亞海
Mystra   Mirtoan Sea

摩尼瓦西亞   米洛斯島
Monemvasia   Milos

梅特歐拉 &
卡蘭巴卡
約360公里
5-6小時

德爾菲
約178公里
2.5-3小時

※所有時間
皆以從雅典出發計算

奧林匹亞   邁錫尼
約300公里   約120公里   雅典 GO!
5-6小時   1.5小時   出發

斯巴達   埃皮道洛斯
約152公里   約138公里
3-4小時   2小時

去一趟車程只要3小時，
一日遊剛剛好

推薦

距離雅典
約178公里

車程
2.5~3小時

MAP
P.83

德爾菲
Delphi (Dhelfí)／
Δελφοί

如何前往

◎長途巴士

從雅典搭巴士前往，每天有4~5班巴士前往德爾
菲，車程約2.5小時，單程票€15.1。

☎22650-29900

◷雅典到德爾菲08:30、10:30、15:00、18:00；德
爾菲到雅典05:30、11:00、16:00、18:30

🌐www.ktel-fokidas.gr

　　真正讓德爾菲在古希臘歷史上扮演重
要角色的是「阿波羅的神諭」。

　　阿波羅的神諭對希臘人來說舉足輕重，
祂不但成功預言了伊底帕斯弒父娶母，許
多希臘的大事也都是根據祂的神諭裁示
決定，因此在西元前6世紀時，德爾菲成
為全希臘最重要且最神聖的聖地，大量
湧進的阿波羅信徒，還包括遠從西班牙
和黑海等殖民地而來的朝聖者。儘管今
日的德爾菲只是一座小城鎮，不過從其阿

德爾菲

N

EUROPEAN
CULTURAL CENTER

To iTEA Pavlou-Friderikis Str.

Tennis Court ●

Philhellinon Str.

Pavillon ●

A. Diakou Str.

Osiou Louka Str.

Apollonos Str.

競技場
Stadium

卡斯利亞泉
The Castalian
Spring

阿波羅聖域
Temenos (Sanctuary) of Apollo

Sikelianos Str.　ATHENS

德爾菲考古博物館
Archaeological
Museum of Delphi

Hotel Hermes

體育訓練場和雅典娜聖域
Gymnasium & Athena
Pronaia Sanctuary

公車站

◉景點 ◎競技場 ⊗學校 🏢大樓
🚉火車站 🏛博物館 🅗飯店

Did YOU KnoW

德爾菲是阿波羅搶來的？！

某次阿波羅行經此地，為它起伏的地勢與景觀
所吸引，於是祂射殺了原本守護於此的大地之子
Python，取而代之成為當地的主人，從此德爾菲
就成為阿波羅的聖地。還有另一說法是Python曾
經受赫拉的指示迫害阿波羅的母親勒托(Leto)，因
此阿波羅長大後來到德爾菲找Python報仇。

波羅聖域和雅典娜聖域等遺跡，不難追憶昔日盛
極一時的繁榮。

Highlights：在德爾菲，你可以去～

① 阿波羅聖域 Sanctuary of Apollo ／Ιερό του Απόλλωνα

德爾菲在邁錫尼時代末期就已經出現組織完整的聚落，隨著西元前8世紀時來自克里特島的祭司們，將阿波羅神的信仰傳入希臘中部，才使得這座城鎮真正開始發展。阿波羅祭儀的流傳和神諭的聲名遠播，讓這裡成為廣為世人所知的宗教中心。

然而到了基督教統治時期，德爾菲逐漸失去了它在宗教上的重要性，拜占庭皇帝禁止信仰阿波羅、同時停辦皮西亞慶典(Pythian Games)，使得德爾菲從此退出當地的宗教舞台。

🅿P.85 ◎從巴士站步行前往約25分鐘可達 🏠Delphi, 33054 ☎22650-82313 ◷08:00~20:00(售票至19:45) ⓢ全票€12、優待票€6(含德爾菲考古博物館、體育訓練場、雅典娜聖域) ⓧ1/1、1/6、3/25、5/1、12/25~26、復活節週日 ⓦodysseus.culture.gr/h/3/eh351.jsp?obj_id=2507 ⓕ3/6、4/18、5/18、10/28、9月最後一個週末、11~3月第一個週日免費

阿波羅聖域一直到1892年被雅典的法國考古學校發現，才得以重現於世人的眼前。

📖 皮西亞慶典 Pythian Games

這項每4年舉辦一次的活動，主要用來紀念阿波羅戰勝Python。競賽除了舉行儀式和獻祭外，也在競技場舉行運動比賽、在劇場進行音樂競賽，同時在下方的平原的賽馬場中展開賽馬車競速。儘管獲最終獎品只是一頂象徵阿波羅的桂冠，不過其榮耀絕非世俗財物所能衡量。

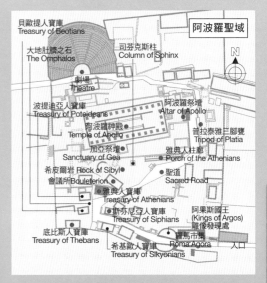

阿波羅聖域

貝歐提人寶庫 Treasury of Beotians
大地肚臍之石 The Omphalos
司芬克斯柱 Column of Sphinx
劇場 Theatre
波提迪亞人寶庫 Treasury of Poteideans
阿波羅祭壇 Altar of Apollo
阿波羅神殿 Temple of Apollo
普拉泰雅三腳甕 Tripod of Platia
加亞祭場 Sanctuary of Gea
雅典人柱廊 Porch of the Athenians
希皮爾岩 Rock of Sibyl
聖道 Sacred Road
會議所 Bouleterion
雅典人寶庫 Treasury of Athenians
斯夫尼亞人寶庫 Treasury of Siphians
阿果斯國王 (Kings of Argos) 雕像發現處
底比斯人寶庫 Treasury of Thebans
羅馬市集 Roma Agora
希基歐人寶庫 Treasury of Sikyonians
入口

羅馬市集 Roman Agora
沿著入口的指標往前走，首先映入眼簾的是羅馬市集。如今在一片長方型的廣場前，只剩下部分廊柱和擁有半圓拱的建築遺跡，這裡昔日林立著商店，販售與祭祀相關供品以及朝聖者沿途所需的備品，熱鬧之情可以預見。

聖道 Sacred Road
踏上市集西側的階梯，才算走進阿波羅聖域，這處分布於山丘上的聖地，昔日應是處於與民居區隔開來的圍場。在這段通往山上的聖道前段，沿途聳立著多座只剩斷垣殘壁的獻納像和獻納紀念碑，它們都曾收藏著多座希臘城市獻給阿波羅的供品，其中大多為雕像，用來感謝神明對其戰爭勝利或重大活動的保佑。

同場加映：雅典近郊小旅行

寶庫Treasuries

過了第一個轉彎處開始出現寶庫，此段聖道被稱為「寶庫交叉點」(Treasuries Crossroad)，沿途坐落著希基歐人寶庫(Treasury of Sikyonians)、提貝人寶庫(Treasury of Thebans)、貝歐提人寶庫(Treasury of Boeotians)、波提迪亞人寶庫(Treasury of Poteideans)和斯芬尼亞人寶庫(Treasury of Siphnians)…而興建於西元前525年的斯芬尼亞人寶庫，是其中最精緻的建築之一，曾裝飾著大量的浮雕和兩根女性柱，如今這些都收藏於德爾菲的考古博物館。

在貝歐提人寶庫和波提迪亞人寶庫之間，可以看見修復復後的「大地肚臍」(The Omphalos)之石。

這棟多利克式建築以大理石打造而成，應是以雅典對馬拉松戰役中掠奪而來的財物為資金。

雅典人寶庫Treasury of Athenians

雅典人寶庫是目前阿波羅神域中保存得最完整的寶庫，於20世紀初經過整修。建築四面的浮雕大約出現於西元前505~500年間，其中東面的帶狀裝飾描繪對Amazon的戰役、北面和西面歌頌大力士赫克力士的英勇事蹟，南面則讚許Theseus的輝煌成就。在建築正面(南面)的三角平台上，敘述著雅典對馬拉松的戰役。

取名自戰爭的運動？！

發生在公元前490年的「馬拉松戰役」可說是希臘第一次靠自己的力量擊退波斯，為了紀念當時雅典軍在馬拉松平原打敗波斯軍後，一步未停由馬拉松平原跑回雅典報捷(全程約42公里)而死去的使者費里皮德斯(Pheidippides)，希臘人在1896年舉行了第一次馬拉松賽跑大會，直到現在我們仍稱呼這種長距離跑步運動為「馬拉松」！

Did YOU KnoW

世界中心在這裡！？

根據傳說，某日宙斯興起得知世界中心的念頭，於是釋放了兩隻老鷹，牠們各自飛往東、西方，最後於德爾菲交會，因此使得它從此被認定為世界的中心。宙斯也在這裡投下一塊石頭作為標記，就是後來人們所說的「肚臍之石」。

雅典人柱廊Porch of the Athenians

一根根以獨塊巨石打造的廊柱，架構出長30公尺、寬4公尺的建築面積，根據記載於柱座的銘文說明，雅典人之所以興建這座建築，目的在於展示他們從對波斯海戰的勝利中搜刮而來的戰利品。

希皮爾岩Rock of Sibyl

在雅典人寶庫和雅典廊柱之間的區域，是德爾菲最古老的膜拜場所，獻給當地原本的守護者大地之母加亞(Gaea)，可見其祭壇(Sanctuary of Gaea)遺跡。據說當地的兒子Python遭阿波羅殺害後，Python的遇害地點出現了一座至今依舊存在的乾泉。而祭壇附近有一塊造型奇特的石頭——希皮爾岩，相傳德爾菲的首位祭司便是坐在這塊岩石上，向加亞女神請示神諭。

阿波羅神殿Temple of Apollo

聳立於山間平台上的阿波羅神殿，是整座聖域甚至德爾菲的核心！

在它的東側前方屹立著一座大祭壇，長8.6公尺、寬5公尺、高4公尺，節慶時上方總是堆滿來自信徒的供品，根據上方的銘文記載，這座大祭壇由享有特權無須等候便能直接請示神諭的巧斯島人(Chians)，出資興建於西元前5世紀。

這座神殿於西元前373年時因地震而傾倒，所以今日所見面貌為重建的結果，落成於西元前330年，無論體積、風格、結構都和之前的舊神殿一模一樣。

位於神殿最深處的聖壇分為兩層：上層曾經放置著一尊金色的阿波羅雕像，下層是女祭司——「皮西亞」(Pythia)宣告神諭的地方。

猜猜這是第幾座阿波羅神殿？

至於如今出現於我們眼前的阿波羅神殿是第5座神殿，是西元前4世紀由希臘各城邦合資於同一處地點和地基上重建。傳説中的前面4座阿波羅神殿是這樣建成的：

©wikimedia Bernard Gagnon

- 第1座以月桂葉蓋成
- 第2座取材自蜂蠟與蜜蜂的翅膀
- 第3座以青銅打造
- 第4座由Trophonios和Agamedes兩座神建築組成

不過西元前548年時，第四座神殿被其他建築當成採石場而遭到破壞。

同場加映：雅典近郊小旅行

Did YOU KnoW

你有聽過這幾句話嗎？

傳説阿波羅神殿的入口處刻著三句箴言：「認識你自己」(γνῶθι σεαυτόν)、「凡事不過份」(μηδεν αγαν)、「妄立誓則禍近」(ἐγγύα πάρα δ'ἄτη)，其中最有名的箴言就是「認識你自己」，據説哲學大師蘇格拉底因此展開了一系列的自我追尋，最終得到結論：唯有認知到自己其實一無所知才是智慧的開始。這三句箴言也忠實展現了古希臘人的道德觀與品格教育。

能不能進請示神諭
還要先過山羊這一關？

由於每年請示神諭的時間短暫且前來的信徒眾多，因此神殿的祭司必須先篩選有資格進入神殿的人們。通常信徒會先獻上帶來的禮物，然後由神殿祭司朝一頭山羊身上潑冷水，如果山羊沒有顫慄，會被認為是不祥之兆，代表這位信徒不為神所接受；反之，如果信徒被接受的話，這頭山羊就會被進獻給神，信徒自然可以進入神殿提問，不過這個問題被回答與否還要取決於神的旨意，所以神諭可不是那麼容易得到的呢！

劇場Theatre

位於阿波羅神殿後方山坡上的劇場，是昔日皮西亞節慶舉辦音樂和戲劇競賽的場地，興建於西元前4世紀，並於西元前2世紀時由羅馬人加以整修。舞台正面原本裝飾著赫克力士的戰功，如今收藏於博物館中。

整個劇場有35排座位，共可容納多達5,000名觀眾。

競技場Stadium

沿著巨場後方的坡道繼續往上行走，最後會通往舉辦運動賽事的競技場。興建於西元前5世紀，既像橢圓形又像長方形的它長180公尺，主要為了賽跑而設計，北面有12排座位、南面有6排，共可容納7,000人。

② 德爾菲考古博物館
Archaeological Museum of Delphi／Αρχαιολογικό Μουσείο Δελφών

考古博物館中收藏的展品，以德爾菲遺跡中出土的文物為主，其中大致可分為兩大類：一為昔日當作供品的青銅像和大理石像，以及青銅器、珠寶和各類黏土器皿；另一則是裝飾神殿或寶庫等建築的帶狀雕刻、三角楣浮雕等等。在時代上則區分為史前、幾何時期(Geometric Period)、古樸時期(Archaic Period)、古典時期(Classic Period)、希臘化時期(Hellenistic Period)以及羅馬時期(Roman Period)，其中最具看頭的是鎮館之寶《馬車夫》青銅像和《舞者之柱》的古典時期。

🅐P.84 🚶從巴士站步行前往約15分鐘 🏠Delphi, T.K. 33054 ☎22650-82313 🕐08:30~15:30，最後入場15:10 ⓚ1/1、3/25、5/1、12/25~26、復活節週日 💲全票€12(11~3月€6)、優待票€6 (含阿波羅聖域) 🔗odysseus.culture.gr/h/1/eh151.jsp?obj_id=3404 💠3/6、4/18、5/18、10/28、9月最後一個週末、11~3月第一個週日免費

這座博物館，由希臘政府和挖掘德爾菲遺跡的法國考古學校一同創立於西元1903年。

同場加映：雅典近郊小旅行

馬車夫The Charioteer
這尊青銅雕像是博物館中最傑出的收藏之一，身著傳統高腰束帶馬車服飾Chiton的年輕男子，右手依舊拿著韁繩，他是馬車競賽中的冠軍，頭上戴著象徵勝利者的鍍銀緞帶，正在接受民眾的喝采。這尊年代回溯到西元前470年的作品，是當時在皮西亞慶典中贏得馬車賽冠軍的Polyzalos獻給阿波羅神的供品。

最出色的地方是男子的臉部，不同材質鑲嵌而成的眼珠與眼球搭配微張的嘴唇線條，表現出一種謙遜的神色。

事實上這件作品相當龐大，原本還有馬車與駿馬，不過其他部分已殘缺不堪。

大地肚臍Omphalos
一塊象徵德爾菲為世界中心的石頭，複製曾經放置於阿波羅神殿中聖壇的原石，據測應為希臘化或羅馬時期的作品。

石頭上方裝飾著稱為Agrenon的網紋。

舞者之柱
Column with the Dancers

舞者之柱原本是支撐某座巨大金屬三腳甕(Tripod)的底座，上方有3位少女的雕像，高度超過11公尺的它曾是阿波羅聖域中最引人注目的古蹟之一，整體以大理石雕刻而成，根據推測應該是西元前4世紀時希臘人奉獻的禮物之一。

希臘眾神大戰巨人族

衝冠一怒為藍顏的哈德良

哈德良皇帝除了是羅馬帝國五賢君之一，另一項名留青史的是他與希臘青年安提努斯的戀情。據說在哈德良統治晚期，由於猶太人在巴勒斯坦起義獨立，大肆拆毀安提努斯的雕像與神廟，讓本來性情溫和的他一怒之下進行血腥鎮壓，導致50多萬猶太人被殺。只能說真不愧是羅馬帝國的皇帝，連戀愛也談得比別人轟轟烈烈啊！

斯芬尼亞人寶庫的裝飾
Decorations of Treasury of Siphnians

考古博物館中大量收藏了斯芬尼亞人寶庫的裝飾，包括三角楣上的雕刻與帶狀浮雕。北側帶狀浮雕敘述希臘眾神大戰巨人族，可以看見阿波羅和阿特米斯聯手出擊，值得注意的是，浮雕中的希臘眾神都面對右方，那是希臘藝術文化中對於獲勝者的表現方式，而巨人族自然面對左方。東側浮雕則重現奧林匹克眾神觀賞特洛伊戰爭(Trojan War)的場景，浮雕左邊呈現的是神界，右邊則是戰爭場景。

特洛伊戰爭

同場加映：雅典近郊小旅行

阿果斯雙男子像
The Twins of Argos

這兩尊高達2公尺的雕像，是西元前6世紀時的作品，出自阿果斯藝匠之手，部分學者認為他們是當地傳說中的雙胞胎英雄Cleobis和Biton，但也有人認為他們是宙斯的雙胞胎兒子Castor和Pollux，無論如何這組雕像都見證了即將進入古樸時期的藝術發展。

司芬克斯像它龐大的體積象徵獻祭者的財富與顯赫。

安提努斯像Antinous

安提努斯是羅馬皇帝哈德良的摯友(據說也是愛人)，為了紀念悲劇中喪生的他，哈德良下令境內許多城市和聖域必須崇拜他，同時獻納了多座雕像加以紀念。這尊位於德爾菲的安提努斯像大約出現於西元130~138年間，微略側傾的臉龐，展現了淡淡卻令人動容的憂傷。

司芬克斯像Sphinx

在希臘神話中角色混沌的司芬克斯，經常被當成聖域中的獻納供品或是葬禮紀念碑。這尊司芬克斯像原本聳立於一根位於加亞祭壇旁高11公尺的柱頭，是Naxian人西元前560年左右獻給德爾菲的供品。

089

如今只剩下大水池的圓形輪廓最清晰可辨。

③ 體育訓練場
Gymnasium／γυμνάσιον

這座訓練場大約出現於西元前4世紀時，更分為上下兩個部分：上層主要用來舉辦賽跑活動，昔日長180公尺的柱廊稱為Xystos Dromos，於雨天使用；下層包括一座圍繞著中央方型中庭的角力學校(Palaestra)、當作浴場使用的大水池，以及一旁的休息室等。

🏛P.84 🚶從巴士站步行前往約30分鐘可達 🏠就在阿波羅聖域對面的谷地中

山谷中散落著一些石塊與柱腳，見證著曾經坐落於此且面積廣大的體育訓練場。

---

④ 雅典娜聖域
Athena Pronaia Sanctuary／Ιερό Αθηνάς Προναίας

從體育訓練場繼續往下走，就會來到雅典娜聖域，在它的名稱中之所以出現「神殿前」(Pro-naia)這個字，原因在於它是抵達主要的阿波羅神殿前的另一處聖域。

興建於西元前6世紀末的雅典娜神殿位於中央，本來是一座圍繞著廊柱的多利克式建築，如今只剩下片段的三角楣和飾帶浮雕，根據推測毀於西元前373年時的一場地震，後人不久後又在它的西側興建了另一座更大的雅典娜神殿，不過同樣只剩斷垣殘壁。

🏛P.84 🚶從巴士站步行前往約35分鐘可達 🏠就在阿波羅聖域對面的谷地中

關於圓形建築的功用為何至今依舊成謎，一般認為和祭祀儀式有關。

德爾菲圓形建築Tholos of Delphi
這裡是整個聖域中保存最完整的地方，儘管如今只聳立著三根圓柱和部分門楣，不過從下方的基座可看出直徑為13.5公尺，歷史回溯到西元前4世紀的它，下方以石頭為基台，上方則採用大理石，以雙迴廊環繞建築外觀，彼此間裝飾著精緻的雕刻。

當天來回的行程

去一趟車程只要約1.5小時，
玩好玩滿一天足矣！

邁錫尼
Mycenae (Mikines)／
Μυκῆναι

MAP P.83

如何前往

◎長途巴士

從雅典搭巴士至Fichti(Mikines)站下車，車程約1.5小時，再搭計程車或步行前往邁錫尼，Fichti距離邁錫尼約4公里。

☎27520-27423

⏰雅典到Fichti平日06:00~21:30、週末07:30~21:30，Fichti到雅典05:29~20:59

💰單程€11.8，來回€22

🌐www.ktelargolida.gr

推薦

距離雅典
約120公里

車程
1.5小時

　城池、城堡的建造是人類由原始的農業村落發展成都市的一個指標，同時，也象徵人類的社會組織趨於高度發展的階段。對於史前時代的古希臘，一切都是懵懂未知的狀態，然而隨著邁錫尼城的挖掘出土，關於這個黃金帝國的偉大

故事，特別是希臘史前最偉大的詩人——荷馬所寫的兩部巨著《奧迪賽》和《伊里亞德》，一點一滴地呈現在世人的眼前。如今，不再只是抱著書本憑空想像，而是能實地走進傳說中的故事場景，去感受那些偉大宏偉的英雄氣魄！

同場加映：雅典近郊小旅行

再現荷馬史詩國度的推手

©flickr Gautier Poupeau

說施里曼(Heinrich Schliemann)是個考古狂人這點並不為過，因為他從未受過正統考古學的訓練，卻憑著對荷馬史詩《奧迪賽》和《伊里亞德》的迷戀，展開一連串的挖掘工作，不但發現傳說中的夢幻城鎮特洛伊，還找到了邁錫尼衛城中的帝王陵墓！
施里曼從小就非常迷戀希臘傳說故事，憑著自學能力學會英語、法語、荷蘭語、西班牙語、拉丁語、現代及古代希臘語等共13種外國語言！施里曼於1873年發現了特洛伊城，3年後又找到了荷馬筆下的阿伽門農之墓(墓塚A區)。雖然後來證明施里曼的發現有誤，但他對於希臘史前文明的研究，卻有極大的貢獻。

原來這就是希臘文字的祖先！

©flickr Gautier Poupeau

邁錫尼文字被稱作「線形文字B」(Linear B)，這種文字可以說是希臘語的早期原型，屬於印歐語言之一。雖然線形文字B隨著邁錫尼文明衰敗而沒落，但後代考古學家在挖掘出來的泥板上有為數甚多的線形文字B，終於在1952年由英國人麥可·文特里斯(Michael Ventris)成功解讀，透過這種文字的記述，我們現在才可一睹當時邁錫尼政治與農業行為等的社會生活面貌。

Highlights：在邁錫尼，你可以去～

1 邁錫尼遺跡
Mycenae Archaeological Site and Museum／Αρχαιολογικοί χώροι των Μυκηνών
邁錫尼文明的城堡自成一格，以長寬達5~8公尺的巨石堆疊而成的圍牆最為驚人，在伯羅奔尼薩半島、愛琴海上某些島嶼、希臘中南部甚至雅典，都曾發現邁錫尼式建築，但其中最具規模的，就是邁錫尼衛城。
邁錫尼衛城被一條長約900公尺的城牆圍起，這座城牆由巨石一塊塊堆疊出一層堅不可破的防護，也由於這項重量級的浩大工程，衍生出獨眼巨人為邁錫尼人築城的傳說，而邁錫尼人也因此保障自己的財富文化不受外族侵犯。
⓪P.93 ⓐMycenae, T.K. 21 200, Mykines ☎27510-76585 ◷4~8月08:00~19:00(9~10月可能提早閉館)，11~3月08:30~15:30 ⓢ全票€12(11~3月€6)，半票€6 ⓧ1/1、3/25、5/1、12/25~26、復活節週日 ⓤodysseus.culture.gr/h/3/eh351.jsp?obj_id=2573 ✿3/6、4/18、5/18、10/28、9月最後一個週末免費

城牆正面入口是一座有兩隻雄獅守護的石門「獅子門」。

山頂是皇宮及古時神廟遺跡，可以越過山頂往後方走去，順著道路走一圈，即可回出口處。

邁錫尼

□廁所　博物館Museum　北邊儲藏室 North Storerooms　神廟 Temple of Historical Times　地下供水系統 Underground Cistern

N　Tholos Tomb of Aegisthus　獅子門 Lion Gate　前門 Propylaia　城牆　北門 North Gate

Tholos Tomb of Clytemnestra　圓形墓塚A區 Grave Circle A　阿伽門農的宮殿 Agamemnon's Palace　藝匠區 Artisan's Quarter

圓形墓塚B區 Grave Circle B　城內住宅

（往阿特留斯的寶庫（約300公尺）　遺跡

同場加映：雅典近郊小旅行

獅子門
The Lion Gate

邁錫尼衛城的正門面對西北方，是由四塊長形的巨石圍成，上方那塊重達20噸，不難想像當時邁錫尼人的建築工程有多發達，得以將這塊

石頭安穩地抬起並壓住兩側柱子。荷馬史詩中，最偉大的君主——「人間之王」阿伽門農就是從這裡領著浩大的軍隊、戰車浩浩蕩蕩出發，遠征特洛伊城。雖然阿伽門農從殘酷的戰爭中倖存，在這獅子門前接受心懷陰謀的妻子和妻子的情人迎接，卻在山頂上的宮殿筵席中遭到殺害！

這裡多數重要的展品是複製品，真跡存放在雅典的國家考古博物館中。

巨石上裝飾著一塊切成三角形的石塊，雕刻著兩頭威嚴的雄獅，象徵邁錫尼王國不可侵犯的地位。

博物館Museum

還未進到獅子門之前，有一條岔路通往博物館，博物館分為5個展廳，分別介紹邁錫尼挖掘過程、邁錫尼人們生活樣貌、墓葬形式、邁錫尼的榮光及消逝後的發展等。在參觀遺跡前不妨先來博物館，透過當時使用的文字、各遺跡的發展及建築形式復原圖等詳細的解說，能夠先對此區有初步了解。

圓形墓塚A區
Grave Circle A

墓塚A區是由德籍考古愛好者施里曼在1876年時挖掘出土的。諷刺的是，施里曼並不是正統的考古學家，而當時所有希臘的考古學家都堅信墓塚應該設於城牆外，只有施里曼堅持要在城內開挖，最後果然被他發現5座墳墓。但他可不是天外飛來一筆的隨意亂挖，而是根據西元2世紀希臘作家保薩尼亞斯(Pausanias)遊記裡的敘述：宣稱人間之王阿伽門農下葬於城牆之內。施里曼被當時人當作笑話的舉動，卻解開了神秘的史前文明！

同場加映：雅典近郊小旅行

出自墓塚A區最知名的古物都就是黃金面具，如今被收藏在國家考古博物館中。

墓塚用一直立石版圍成直徑8公尺的大圓圈，外層還有石塊圍的一道矮牆，入口左右各有石版圍出來的小室，造型奇特。

圓形墓塚B區 Grave Circle B

一進入景區先來到墓塚B區，總共有26個墓塚，被排成圓形的石堆圍在裡頭，這些史前的墓塚，多數是早期邁錫尼墓葬建築，內有珍貴的陪葬品，死者在社會上也具有一定的身分地位。

阿伽門農的宮殿
Agamemnon's Palace
位於山丘頂端的是帝王居住的宮殿,穿過獅子門一直沿著石板坡往上走,就可以抵達宮殿。現在只剩下一些斷壁殘垣,但是考古學家們還是從建築的結構中發現,宮殿擁有客室、女賓室、廣場、帝王主殿甚至有浴場等等,現在在雅典國家考古博物館展出的戰士出征陶器,就是從主殿中發現的出土品。

地下供水系統
Underground Cistern

宮殿後方有一個通往地下的隧道,沿著潮濕漆黑的隧道深入地下,會感覺濕氣越來愈重,抵達最下層,才發現是一池清水,這就是城堡的水源。但這池水並不是來自城堡的地下,而是用陶土做的水管從附近的柏賽亞山引泉水入城,儲存在這個地下水池中。

Did YOU KnoW

誰是阿特留斯?

阿特留斯是「人間之王」阿伽門農的父親,父子兩人加上阿特留斯的父親佩羅普斯(Pelops),締造了邁錫尼王國的全盛時期,被荷馬稱頌為最為富裕的黃金城,而阿特留斯死後,他的陪葬品價值連城,「阿特留斯的寶庫」成為千年來的美麗傳說,然而現在只能欣賞它建築上的宏偉。

墓穴牆壁石磚一層層往上堆疊的方式,即使是現代建築,也必須經過精密計算,才能展現這種圓錐形的空間結構!

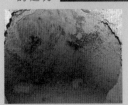

阿特留斯的寶庫
The Treasury of Atreus
此處又稱為阿伽門農之墓(Tomb of Agamemnon),荷馬史詩中敘述的「阿特留斯的寶庫」讓許多考古學家心神嚮往,但盜墓者總是捷足先登,將「阿特留斯的寶庫」洗劫一空,考古學家只能望著空墓興嘆。
墓穴門口前方有一條長35公尺的通道,兩邊的牆壁以平滑的石塊堆砌而成,正門將近3層樓高,兩旁各有一根圓柱,整面牆原本有美麗的雕刻和彩繪,但現在只看得到無妝飾的牆面,目前內部部分原始雕刻裝飾存放在雅典的國家考古博物館及倫敦的大英博物館中。

同場加映:雅典近郊小旅行

早上出發晚上回來，
一天的時間剛剛好！

＼推薦／
距離雅典
約138公里
車程
2小時

MAP
P.83

埃皮道洛斯
Epidavros(Epidaurus)
／Επίδαυρο

如何前往

◎長途巴士

從雅典搭車到納普良(Nafplio)轉車，從納普良週一至週五有1班巴士前往埃皮道洛斯，車程約45分鐘。

要特別注意的是到埃皮道洛斯遺跡，在查詢巴士時刻表時，地名要選擇「Asklipiio/Epidavros(Theatro)」而非Archaea Epidavros。

📞27520-27423

●雅典到納普良的班次眾多。納普良到埃皮道洛斯10:30，埃皮道洛斯到納普良12:15

🌐www.ktelargolida.gr

今日以露天劇場上演古典戲劇之慶典聞名的埃皮道洛斯，最初其實是因醫療聖地之名而享譽希臘！

西元前6世紀時，醫神阿斯克列皮亞斯(Asklepios)的信仰在當地蔚為流傳，許多信徒紛紛前來醫神傳說中的誕生地，希望能被神力治癒。到了西元前4世紀時，埃皮道洛斯盛極一時，成為古代最著名的醫療中心，不辭千里而來的病患，在當地的醫療室中休息，希望醫神能在他們的睡夢之中，指點正確的醫療方式。

埃皮道洛斯慶典

在埃皮道洛斯遺跡上演的戲碼，主要出自希臘三大悲劇作家，分別是艾斯奇洛斯(Aeschylus)、索佛克雷斯(Sophocles)和尤里皮底斯(Euripides)。

◎艾斯奇洛斯Aeschylus

作品數：90篇悲劇中有7篇留存於後世

題材：大部分描述波斯戰爭，以激起希臘人的民族意識與忠誠，在波斯戰爭爆發後(約為西元前490年)非常受歡迎，現在看來，常有許多冗長的敘述，如果演員演得不夠誇張，氣氛會陷入沉悶。

傑作：《普羅修斯的宿命》(Prometheus Bound)

◎索佛克雷斯Sophocles

作品數：123篇悲劇中留存7篇

題材：希臘悲劇。作品中的人物都備受命運擺布，因一時的憤怒或誤解造成不可收拾的悔恨後果，但仍然在忍辱偷生中與命運對抗，充分展現希臘悲劇的精神，不是怨天尤人，而是在不幸的事件中，人類如何展現高尚的情操，努力與逆境對抗。

傑作：《伊底帕斯》(Oedipus Rex)、《愛列克塔》(Electra)，這兩齣戲被後世視為心理學上的戀母情結及戀父情結而備受討論。

◎尤里皮底斯Euripides

作品數：92篇創作中有17篇悲劇、一篇「森林之神」劇、一篇仿悲劇，共19篇劇作留存。

題材：尤里皮底斯的作品特點是，劇終時演員扮成天神登場，向觀眾預言或警示。他與索佛克雷斯同一時期，兩人在戲劇上互較長短，尤里皮底斯擅長多彩的布景和熱鬧的音樂。

傑作：《酒神的女信徒巴克斯》(The Bacchae)、《美狄亞》(Medea)

據說劇場的出現，是為了讓病人能在欣賞戲劇、音樂的同時，身心感到放鬆而幫助療效。

從遺跡的浴場、劇場甚至運動場等建築，可以推斷出古希臘人早已發現心理的醫療與身體醫療一樣重要。

同場加映：雅典近郊小旅行

Highlights：在埃皮道洛斯，你可以去～

埃皮道洛斯

古羅馬浴場 Roman Baths
醫療室 Abaton
神廟 Tholos
阿特密斯神廟 Temple of Artemis
競技場 Stadium
希臘式浴場 Greek Bath
阿斯克列皮亞斯神廟 Temple of Asclepius
埃及王神殿 Sanctuary of the Egyptian Gods
競技場 Stadium
音樂廳 Odeum
健身房 Gymnasium
客房宿舍 Katagogeion
博物館 Museum
大劇場 Theatre

N

○競技場 ☆遺跡 ⑨劇院 ⑩博物館

① 埃皮道洛斯遺跡
Archaeological site and Museum of the Sanctuary of Asklepios at Epidaurus／
Αρχαιολογικός χώρος Ασκληπιείου Επιδαύρου
埃皮道洛斯遺跡位於納普良東北方約30公里處，打從西元前4世紀開始，這裡就成為祭祀醫神阿斯克列皮亞斯(Asklepios)的聖地，同時也是希臘著名的醫療中心，前來當地接受治療的病患如泉水般湧入，使得當地蓬勃發展，一直到西元87年時遭羅馬東征統帥蘇拉(Sulla)將軍掠奪為止。
ℹ P. 97 ⌂T.K. 21052, Lιgourio, Epidaurus ☎27530-22009 🕐4~8月08:00~19:00(9~10月可能提早關門)，11~3月08:00~17:00 💰全票€12(11~3月€6)、半票€6 休1/1、3/25、5/1、12/25~26、復活節週日 🌐odysseus.culture.gr/h/3/eh351.jsp?obj_id=2374 🎫3/6、4/18、5/18、10/28、9月最後一個週末免費

Highlights：在埃皮道洛斯，你可以去～

大劇場Theatre

這座巨大的半圓形劇場，最早建造於西元前4世紀，共可容納14,000名觀眾，主要是在4年一度的祭典中，表演戲劇娛樂醫神。起聲響效果非常高明，站在劇場中央說話，聲音可上傳到最頂層的座位間。現在大劇院成了每年盛夏舉辦的埃皮道洛斯慶典的表演場地，不過即使在其他時間前來這裡，仍然會遇上許多團體的觀光客在劇場中央高歌合唱，非常有趣。

大劇場是埃皮道洛斯遺跡當中保存得最完整的建築。

博物館Museum

遺跡中保存較完整的廊柱、雕像等都存放在博物館當中。其中，可以看到許多尊醫神阿斯克列皮亞斯的雕像，手持的木杖上總繞著巨蟒，據說巨蟒是醫神的使者，因此在古代治療疾病的方法中，有一項就是讓蛇的舌頭舔拭一下傷處！

差一點被父親燒死的阿斯克列皮亞斯

在神話中，阿斯克列皮亞斯是太陽神阿波羅與克隆妮絲(Coronis)的兒子，聽信讒言懷疑克隆妮絲貞潔的阿波羅，將懷有身孕的克隆妮絲丟入燃燒烈焰的柴火中。阿波羅事後深感懊悔，奮力搶救孩子，並將他托付給半人馬喀戎(Chiron)教育，而阿斯克列皮亞斯日後也成為醫藥之神。

Did YOU KnoW

醫學LOGO由此而來！

不同於現代人對蛇的印象多是危險或有毒，古希臘人認為會蛻皮重生的蛇與恢復更新密不可分，而這也是醫藥之神阿斯克列皮亞斯出現在雕像或繪畫裡必有的形象，所以無論是世界衛生組織WHO或是歐美救護人員的臂章，主體圖案都是一條蛇纏繞著手杖，以此象徵醫藥之神阿斯克列皮亞斯！

客房宿舍Katagogeion
遺跡現場仍可看到一格一格的牆基，這是當時作為病患、朝聖者、隨行人員或是祭典時讓遠來觀眾住宿的場所。埃皮道洛斯醫療的觀念，可說是現代SPA醫療的先驅，病患會住在當地幾天甚至幾週，每天接受沐浴、催眠、按摩、草藥治療等療程。

據估計，此建築大約有160間房間。

場上的跑道呈長方型，長180.7公尺、寬22.06公尺。

競技場Stadium
在古希臘時期，埃皮道洛斯每4年會舉辦一次祭祀醫神的祭典，在祭典當中，也會舉行體能競賽，而地點就在競技場。這項祭典早在西元前5世紀就被古希臘抒情詩人平德爾(Pindar)所提及，而從西元前4世紀開始，在競技場兩旁設置了石椅。

希臘式浴場Greek Bath
約建於西元前300年，其功能和運動場一樣，是提供給參觀者使用。由殘留的遺跡來看，浴場設有樓梯通到2樓。

同場加映：雅典近郊小旅行

醫療室Abaton
位在阿斯克列皮亞斯神廟旁邊的遺跡是從前的診療室，此處為一長70公尺、寬10公尺的窄長形建築。傳說，神職人員會在這裡與病患談話，類似現代的心理治療，然後讓病人躺在醫療室裡睡覺，在夢中與神交談，在這裡作的夢成為往後醫療的指標。

當天來回有點趕，
安排2天慢慢玩

推薦

距離雅典
約300公里

車程
5~6小時

位於市區的奧林匹亞考古博物館，收藏了19~20世紀間於奧林匹亞遺跡中挖掘出土的雕刻、陶器等文物。

奧林匹亞
Olympia／Ολυμπία

MAP P.83

如何前往

◎長途巴士

雅典到奧林匹亞並無直達車，需到皮爾戈斯(Pyrgos)轉乘。從雅典的Kifissos巴士站每日有8班巴士前往皮爾戈斯，車程約4小時。從皮爾戈斯前往，班次選擇較多，平日有約12班、週末5~6班巴士前往奧林匹亞，車程約30分鐘。此外，皮爾戈斯也有非常多巴士選擇前往希臘各城市，包括帕德拉(Patra)及Tripoli。

💰雅典到皮爾戈斯單程€27.70；皮爾戈斯到奧林匹亞單程約€1~2 📞26210-20600 🕐雅典到皮爾戈斯7:30~19:00；皮爾戈斯到奧林匹亞平日06:15~21:30、週末07:30~19:30 🌐 ktelileias.gr

奧林匹亞是奧運會的起源地，因此這場盛會開始之前，象徵運動會精神的聖火，都是先從奧林匹亞遺跡中的赫拉神殿點燃後，再傳遞到世界各地去。

古希臘人十分崇敬他們所塑造出來的眾神，而為了討神明歡欣，就要舉行祭神慶典，希臘人同時還會舉辦體育競技和文藝表演。而各種酬神競技中，就屬奧林匹亞最負盛名，因為這是為眾神之王宙斯所舉行的盛會。因此遺跡中也有祭祀各神的神殿。

奧林匹亞

| 🏛博物館 | 🏺遺跡 | 🛍購物 | 🏛政府機關 |
| 🅷飯店 | 🚌巴士站 | 🚉火車站 | 🏤郵局 |

同場加映：雅典近郊小旅行

①奧林匹亞考古遺跡 Archaeological Site of Olympia／Αρχαιολογικός Τόπος Ολυμπίας

光從地名就能聯想它和奧林匹克運動會的密切關係，這裡就是西元前776年奧林匹克運動會的發源地，名列世界遺產之林。踏進遺址，濃綠樹叢中，一片猩紅黛白、燦花紛呈，鳥兒在枝間跳著，唧啾有聲；斑駁的神殿列柱在草叢間或立、或躺，連結古與今。

🔎P.101 🚶從巴士站步行前往約10分鐘 ☎26240-22517 🕐4~10月08:00~20:00，11~3月08:30-15:30；關閉前15分鐘最後入場 🛇1/1、3/25、5/1、12/25~26、復活節週日 💲全票€12(11~3月€6)、優待票€6，票價包含奧林匹亞考古博物館、古代奧運歷史博物館 🔗odysseus.culture.gr/h/3/eh351.jsp?obj_id=2358 ⏱3/6、4/18、5/18、10/28、9月最後一個週末、11~3月第一個週日免費

奧林匹亞考古遺跡

入口 Entrace
體育館東柱廊 East Portico of the Gymnasium
寶庫 Treasuries
體育館 Gymnasium
迎賓館 Prytaneum
給水設施 Nymphaeum
競技場 Stadium
競技場 Palaestra
母神殿 Metroon
赫拉祭壇 Hera's Altar
神殿入口 Pelopion
赫拉神殿 Temple of Hera
神宮宿舍 Theokoleon
菲利普之屋 Philippeion
賽馬場 Hippodrome
菲迪亞斯工作室 Workshop of Pheidias
宙斯神殿 Temple of Zeus
會議所 Bouleuterion
雷奧尼迪歐之屋 Leonidaion
Oaths祭壇 Altar of Oaths
N

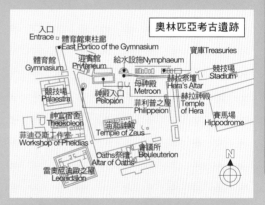

體育館及競技場 Gymnasium & Palaestra
一進入遺跡區，最先映入眼簾的就是大長方型建築的體育館，長220公尺、寬120公尺，是作為練習標槍及擲鐵餅等之用；而一旁的競技場，也是選手訓練的場地。

赫拉祭壇Hera's Altar

在赫拉神殿旁有一處看不出原樣的赫拉祭壇，是點亮奧運聖火之處。1936年，柏林奧運開始了奧運聖火傳遞的儀式。有趣的是，此處也成了遊客最喜愛模仿點燃聖火並拍照留念的地方，不過這樣的舉動常被景區管理員吹哨音制止。

菲利普之屋 Philippeion

這座基座呈圓形、立著一圈艾奧尼克式(Ionic)石柱的建築物，主要是為了紀念西元前338年時馬其頓(Macedon)國王菲利普(Philip，即亞歷山大帝父親)在凱羅尼亞之役的大勝利，此舉戰役中，馬其頓擊敗了雅典(Athenians)和底比斯(Thebans)聯軍。

奧運會的聖火採集儀式

由於在古希臘神話中，火是十分神聖且專屬於神祇的，為了紀念普羅米修斯(Prometheus)從天神宙斯手上偷取火種帶回人間，使人從此有了光明，在古代奧運上就已經有了點燃聖火的儀式，傳統上，奧林匹克聖火必須是由「奧林匹亞山上的陽光」點燃，所以現代取火儀式就由11位女祭司在赫拉祭壇上用凹面鏡聚集自然陽光採集聖火。

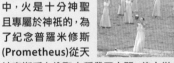

赫拉神殿 Temple of Hera

這是一座出現於西元前6世紀的多利克式(Doric)神殿，也是目前遺址裡保存最完整的建築之一。顧名思義，神殿裡崇拜的是宙斯的妻子赫拉，在希臘諸多神殿中，這是歷史最悠久的多利克式神殿之一。

大名鼎鼎的荷米斯懷抱酒神雕像，就是從這裡挖掘出土的文物。

菲迪亞斯工作室Workshop of Pheidias

根據出土的雕刻工具、刻有名字的杯子，可以判斷此處是希臘偉大的雕刻家菲迪亞斯(Pheidias)工作的地方，那尊渾身裝飾黃金與象牙、名列世界七大奇蹟的宙斯像，便是在此打造完成。在5世紀時，這裡被當作教堂使用。菲迪亞斯工作室保存相當完整，還可見牆上精美的雕刻裝飾。

同場加映： 雅典近郊小旅行

競技場與賽馬場Stadium & Hippodrome
競技場可容納45,000名觀眾，其中短跑跑道的起點到終點，距離120公尺長，裁判席至今依舊清晰可辨，在體育場南面有面積更大的賽馬場，不過已是一片荒煙蔓草，看不出原本的面貌。

穿過殘存的圓拱形入口，就進入古代奧林匹克運動會舉辦的場地。

好害羞~脫光才能進場！
重視人體曲線美的古希臘人在這個有關榮耀神祇的神聖場合裡當然是要脫光的啦！為了展現對神的崇敬及人體的力量與美，參賽的運動員們會全身塗抹橄欖油使肌膚充滿光澤並且裸體進場，跟現在的健美先生比賽很相似，而當時的奧林匹克運動會只有男性得以參加，女性是禁止進入的！

儘管神殿已頹圮，那些散落一地、彷如巨輪的多利克式石柱依然懾人心魄。

宙斯神殿Temple of Zeus
奧林匹亞與宙斯密不可分，遺址裡的布局足以說明分由。整座奧林匹亞遺址的正中央，坐落著西元前5世紀興建的宙斯神殿，巨大神殿裡面安放的，就是曾經名列古代世界七大奇蹟之一的宙斯神像。

傳說中的宙斯神像

根據文獻記載，宙斯像坐在一座厚1公尺的大理石基座上，頭幾乎要頂到天花板，高13公尺，由象牙雕成並鑲嵌著黃金；祂的右手握著一尊雙翼勝利女神像，象徵奧林匹克運動會勝利，左手持著金屬權杖，代表至高無上的眾神之王。只可惜神像後來被掠奪到君士坦丁堡(今天土耳其伊斯坦堡)，並毀於西元462年的大火中。

同場加映：雅典近郊小旅行

2 古代奧運歷史博物館
Museum of the History of the Olympic Games in Antiquity／Μουσείο Ιστορίας των Ολυμπιακών Αγώνων της Αρχαιότητας
靠近市區的古代奧運歷史博物館，展示古代奧林匹克運動會的相關資料，展覽內容豐富。這項賽事舉辦超過千年歷史，博物館除了有當地的介紹外，也展出希臘各地出土的文物，包括陶器、雕刻、青銅器及馬賽克鑲嵌壁畫等，來介紹這項賽事最初的競賽項目、發展歷史、傳統以及其他希臘類似的競賽等等。
P.100 從遺跡區步行前往不到10分鐘可抵達 位於考古遺址西邊 26240-29119 4~10月08:00~20:00、11~3月08:30-15:30；閉館前15分鐘最後入場 1/1、3/25、5/1、12/25~26、復活節週日 全票€12(11~3月€6)、優待票€6，票價包含奧林匹亞考古遺跡、奧林匹亞考古博物館 ancientolympicsmuseum.com 3/6、4/18、5/18、10/28、9月最後一個週末、11~3月第一個週日免費

③ 奧林匹亞考古博物館
Archaeological Museum of Olympia／Αρχαιολογικό Μουσείο Ολυμπίας

奧林匹亞考古遺址的現場只剩下頹圮的建築，挖掘出土的文物，如今都收藏在考古博物館裡。總共12個展廳，陳列文物數量多且精美，記得預留足夠時間參觀。博物館的鎮館之寶，是一尊在赫拉神殿中發線的荷米斯(Hermes of Praxiteles)的雕像，並且整座展間只陳列這尊雕像，四周總是圍滿參觀者，不難找到這件作品的所在位置。這是西元前4世紀希臘雕刻家普拉克西特利斯的代表作，體態完美的眾神信使荷米斯，手中正懷抱著還是嬰兒的酒神戴奧尼索斯(Dionysos)。
🔲P.100 🚶從遺跡區步行前往約5分鐘 🏠位於考古遺址北邊200公尺 ☎26240-22742 ⏰4~10月08:00~20:00，11~3月08:30-15:30；閉館前15分鐘最後入場 🚫1/1、3/25、5/1、12/25~26、復活節週日 💲全票€12(11~3月€6)，優待票€6，票價包含奧林匹亞考古遺跡、古代奧運歷史博物館 🌐ancientolympiamuseum.com 🎫3/6、4/18、5/18、10/28、9月最後一個週末、11~3月第一個週日免費

最壯觀的展品是從宙斯神殿挖掘出土的三角楣飾，上方浮雕描繪了拉庇泰人(Lapiths)與半人馬(Centaurs)之間的打鬥。

Do YOU KnoW

荷米斯懷抱酒神雕像在台灣也看的到？！

這尊以出色細節聞名的雕像刻劃了奉宙斯之命帶著年幼的酒神戴奧尼索斯去拜訪尼薩山仙女的荷米斯，雖然該雕像的右手已斷損，但據推測應該是拿著一串象徵酒神的葡萄正在逗弄小戴奧尼索斯。此雕像真跡存於希臘，但在台灣的奇美博物館戶外連接橋上，也有一尊仿作，有興趣的話不妨前去觀賞一下兩者有什麼不同！

老闆的珍藏還包括1972年的慕尼黑奧運及1988年漢城奧運的聖火鉅。

④ Galerie Orphee

這間書店位在一棟超過110年歷史的建築裡，1樓展售紀念品、名信片及書籍，2樓則是老闆開設的藝廊，陳列希臘各地畫家作品。老闆Apostolos Kosmopoulos更是一位傳奇人物，在收銀台牆上貼滿家族的照片，其中包括他17歲時，在家鄉奧林匹亞為1964年的東京奧運傳遞

聖火的照片。充滿文學氣息的他，喜愛讀孔子、孟子，並為自己精彩的人生寫下自傳及詩句，而他的故事也為這座寧靜小鎮，帶來幾許傳奇色彩。
🔲P.100 🚶從遺跡區步行前往約12分鐘 🏠位在主要大街Pr.Kondili上 ☎26240-23463 ⏰08:00~21:00，夏季延長到00:00

都來到這裡了，
乾脆住一晚再走吧

兩天一夜的行程

 梅特歐拉與卡蘭巴卡
MAP P.83
Meteora & Kalambaka／Μετέωρα & Καλαμπάκα

推薦
距離雅典
約360公里
車程
5~6小時

如何前往

◎火車

從雅典的拉里西斯火車站到卡蘭巴卡每天有1班直達班車，車程約4.5小時。亦有多班非直達班車，車程4.5~9.5小時不等，不過由於車站資訊標示不清楚，在雅典火車站轉車不是很方便；而回程同樣也只有一班直達車，及2~3班需轉車的班次，建議出發前先查清楚班車的時間，以利行程的安排與規劃。

€9~12起，依艙等而有不同

希臘國鐵 www.hellenictrain.gr

◎長途巴士

從雅典搭乘Liossion巴士站搭車，途中會先經過前往特里卡拉(Trikala)，再到卡蘭巴卡。最新時刻表請上網查詢。

雅典210-8311434、卡蘭巴卡24320-22432
卡蘭巴卡巴士站到聖史蒂芬女修院09:00、12:00、14:30；聖史蒂芬女修院到卡蘭巴卡巴士站11:00、14:00、16:30 單程€1.8，一日票€5.5 ktel-trikala.gr

都來到這裡了，
乾脆住一晚再走吧

同場加映：雅典近郊小旅行

旅遊諮詢

◎Visit Meteora

這間遊客中心兼旅行社，由私人所成立，還架設網站提供詳盡的在地資訊，且出資印製地圖，旅客在飯店、餐廳等地所拿到的當地免費地圖都是這家旅行社所提供的。

⌂Patriarchou Dimitriou 2

☎24320-23820 🌐visitmeteora.travel

梅特歐拉

在希臘語中，「梅特歐拉」是「漂浮在半空中」的意思。希臘中部塞色連平原(Thessalian Plain)的西北方，山野間穿插疊立著巨大的裸岩，草木不生的岩石彷彿平地拔起，仔細觀察的話，會發現在某些岩石的頂端藏著修道院，這些高高在上的修道院果然很像「漂浮在半空

十分罕見的自然與文化複合世界遺產！

根據聯合國教科文組織的分類，世界遺產分為自然或是文化兩類別，而只有極為少數的地方可被列為同時具有自然與文化獨特性的複合遺產，截至目前為止全球登錄在案的複合遺產地點僅有38個，而梅特歐拉因其特殊的地質風貌與立於峭壁上的修道院獲選為自然與文化複合遺產。

梅特歐拉神奇的地貌和歷史發展過程，已在西元1988年被列入世界自然及文化遺產。

中」。梅特歐拉有些修道院已廢棄,只有6座仍有修士居住的修道院,開放遊客參觀。

卡蘭巴卡

卡蘭巴卡是個寧靜的小鎮,漫步小鎮的各個角落,可以若即若離的距離欣賞梅特歐拉。鎮上每天特定時刻有巴士往返梅特歐拉,也有眾多飯店、民宿、餐廳、商店、超市、摩托車出租店等,能滿足觀光客的基本需求。

地圖標示：
往梅特歐拉 To Meteora
Vlahava St.
Visit Meteora
Panellinion Tavern
Totti Boutique Rooms
Trikalon St.
巴士站
N
卡蘭巴卡
🚌巴士站 🍴餐廳 🏨飯店
🚉火車站 ℹ️遊客中心
🚉火車站

地圖標示：
✝️大梅特歐羅修道院 Great Meteoron
梅特歐拉
N
✝️瓦爾拉姆修道院 Varlaam
✝️聖史蒂芬女修院 St. Stephen
◎Psaropetra 全景觀景點
✝️特里亞達修道院 Agia Triada
魯莎努女修院✝️ Roussanou
✝️卡蘭巴卡 Kalambaka
聖尼可拉斯修道院 St. Nikolas Anapafsas
卡斯特拉基 Kastraki
✝️教堂 ◎景點

暢遊梅特歐拉的4種方式

1、搭巴士:卡蘭巴卡有巴士經卡斯特拉基村前往各個修道院,每日3班 (開車時刻可能會變動,請事先至旅遊服務中心索取最新的開車時刻表)。但是因為班次很少,而且從大梅特歐羅修道院到其它修道院之間,必須靠雙腳步行,還得顧及回程班車的時間,較為不便。

2、租摩托車:梅特歐拉的距離和地形,非常適合以摩托車代步。鎮上有許多摩托車出租店,1日的租金約為€20~30,價格隨著機型、租車時數、天數而不同。記得出國前要辦好有效駕照的英文證明本(即國際駕照),租車時有些租車行會檢查。前往修道院的地勢非常陡,若為兩人共乘,建議可租借125 c.c以上的重型機車。

3、搭計程車:前往大梅特歐羅修道院行情價單程約€10上下,若包車巡遊1小時約€20~25,由於回程不可能在路上隨機叫車,記得事先安排妥當。可請住宿飯店幫忙叫車與詢問價錢。

4、參加團體行程:有鑑於當地交通不便,最有效率的方式,莫過於在當地人的解說、帶領下,深度探索梅特歐拉。**Visit Meteora**推出多種旅遊行程,包括半日遊、健行、騎腳踏車、攀岩、騎馬、黃昏賞落日等多種行程可供選擇。

同場加映：雅典近郊小旅行

Did You Know

梅特歐拉怎麼來的？

關於梅特歐拉的地貌源起有兩種說法：神話歸因於某天宙斯發怒了，從天界瘋狂地丟下石塊，便成了梅特歐拉的奇岩；地質研究的說法是這一帶曾經是湖泊區，水退卻後，岩壁因為風化、侵蝕等作用而逐漸變成現在的模樣。

① 梅特歐拉Meteora

早從西元9世紀開始，不少基督教徒們為了躲避宗教壓迫，紛紛逃到這片杳無人煙的地方來，在岩石的裂縫中或是洞穴裡尋求生存的空間，逐漸也有修士嘗試在懸崖峭壁之上建立修道的道場。為了隔絕外界的入侵及打擾，他們刻意不修路、不建階梯，對外交通聯繫必須倚靠克難的繩索、吊車等，真正與世隔絕，宛如自給自足的「天空之城」。

◎P.107　🌐visitmeteora.travel/meteora-monasteries
❶各修道院不定時閉館，建議出發前上網查詢或到遊客中心確認。

小心別被趕出去！

入內參觀時，服裝要求相當嚴謹，女士不可裸露手、腿，甚至連穿長褲都不合格，必須在入口處借長裙圍一圈，才得以進入。修道院外表樸素，內部卻金碧輝煌，但是請記得內部禁止拍照喔！

星期六、日來訪最聰明！

目前可以參觀的6間修道院各有休息日，唯有在星期六、日剛好全部修道院都開放參觀，難得前來天空之城梅特歐拉，如果想要一網打盡這6間各具特色的修道院就千萬要選擇星期六、日來！

大梅特歐羅修道院
Great Meteoron

始建於14世紀中葉，位於本區內最寬大的岩石上，是梅特歐拉現存規模最大、也是最古老的修道院；內部的教堂則建於16世紀中葉，至今還保留著不少16世紀的桌椅，主教座椅由貝殼製成，圓頂的壁畫是拜占庭藝術時期的傑作之一，都相當珍貴。

☎24320-22278 ◷09:30~15:00(11~3月至14:00) 休4~10月週二、11~3月週二~週四 ⓢ每人€3 🌐www.meteoromonastery.gr

瓦爾拉姆修道院Varlaam

距離大梅特歐羅修道院約5分鐘路程，是本區內規模第二大的修道院，同樣建於14世紀中葉。內部有一座向3位主教致敬的教堂建於16世紀，建築呈特殊的十字架格局，輝煌的壁畫主要是底比斯(Thebe)知名的藝術家Frago Catelano的作品。早年的飯廳，現在則改設成博物館，陳列一些歷史文件與法衣；還可以看到以前的廚房、醫療室等。

☎24320-22278 ◷09:00~16:00(11~3月至15:00) 休4~10月週五、11~3月週四~週五 ⓢ每人€3

在古老的塔樓裡，還保存著一個16世紀的大橡木桶，它擔負著儲水、供水的重要功能。

聖尼可拉斯修道院
St. Nikolas Anapafsas

從卡蘭巴卡經過卡斯特拉基村後，最先映入眼簾的是聖尼可拉斯修道院，14世紀末建立在一個腹地不大的岩石頂端，形勢相當驚險，目前已有階梯便道可通往卡斯特拉基。入口前有一座教堂和地穴，可看到一些14世紀的壁畫。

☎24320-22375 ◷4~10月09:00~17:00，11~3月09:00~16:00(週日09:30起) ⓢ每人€3

魯莎努女修院Roussanou

位在瓦爾拉姆修道院東南方，還有一座孤立的修道院，和其它修道院比較起來，它的所在海拔比較低些、規模也比較小些，曾經在第二次世界大戰中遭受嚴重的損毀，修復後1988年開始轉變為女修士的道場。

☎24320-22649 ◷4~10月09:00~15:30(週日至15:00)，11~3月09:30~14:00 休週三 ⓢ每人€3

特里亞達修道院
Agia Triada / Holy Trinity Monastery

東邊屬來第二座，地理位置最孤立，可說是當初最難攀登的修道院，如果想入內參觀，必須登上1925年所建的140個階梯。正面拍攝的角度經常是梅特歐拉的宣傳照片之一，畫面頗具代表性。

☎24320-22220 ◷10:00~16:00 休週四 ⓢ每人€3

©flickr Thomas Depenbusch

● 這裡曾經是007電影《最高機密》(For Your Eyes Only)的場景之一。

同場加映：雅典近郊小旅行

Highlights：在梅特歐拉與卡蘭巴卡，你可以去～

聖史蒂芬女修院
St. Stephen

位於東端的聖史蒂芬女修院最靠近卡蘭巴卡，從這裡可以完整眺望卡蘭巴卡小鎮，漫步小鎮街頭也可以清楚欣賞到它的身影。這間修道院相當大，裡面有許多珍貴的宗教壁畫、手抄本、刺繡等，值得一看。
☎24320-22279 ◔4～10月09：00～13：30、15：30～17：30，11～3月09：00~13：00、15：00~17：00
休週一 ⑤每人€3

Psaropetra全景觀景點Psaropetra Panorama

白天拜訪過各個修道院之後，黃昏時分，不妨到視野最廣闊的山谷上方等待夕陽。介於魯莎努女修院和特里亞達修道院之間，有一處停車場，從停車場往山崖邊走，會發現群峰包圍、右手邊有魯莎努女修院若隱若現，的確是「風景如畫」，也是等待夕陽的最理想地點。由於不同季節落日的時間會有差異，前往當天不妨先向所住飯店諮詢確認。
⌂介於Roussanou和Agia Triada之間的停車場

除了欣賞梅特歐拉天朗氣清時的樣貌外，不妨也看看它夕陽西下時分、或清晨山嵐瀰漫在群峰間的情境。

② 卡蘭巴卡
Kalambaka

每個人來到卡蘭巴卡，幾乎都是為了前往梅特歐拉，小鎮本身並沒有其它特別的觀光景點。
但是這個寧靜的小鎮，因為觀光發達而繁榮興盛，Trikalon St.和Vlahava St.是鎮上兩條最主要的街道，附近集結了主要巴士站、餐廳、旅行社、摩托車出租店和各式各樣的商店，觀光客只要到這裡來，就可以滿足各項需求。
⌖P.107 ⊕www.kalambaka.com

Panellinion Tavern

位在卡蘭巴卡最熱鬧的兩條街口，隔壁即為旅遊服務中心，這家經營超過30年的餐廳，室內裝飾著眾多陳年黑白照片，其中還包括老闆本人年輕時的照片，懷舊中不乏親切感。Panellinion以傳統的希臘料理為主，價格平易近人。中午會準備10餘道現成的主菜，讓客人現點現享受；晚上用餐氣氛比較正式。
⌂Vlachava 3 Plateia Dimarcheiou, Kalambaka
☎2432-024735 ◔12：00～22：00

牛肉湯很有亞洲人烹調的風味，頗適合台灣遊客的喜好。

戶外以巨大的奇岩為背景，旁邊還有廣場噴水池，氣氛相當浪漫。

都來到這裡了，乾脆住一晚再走吧

兩天一夜的行程

今日的斯巴達是一座幽靜祥和的小鎮，讓人幾乎無法和過去等同壯士代名詞的城邦國家產生聯想。

斯巴達

◎景點 ⓗ飯店 ⓜ博物館 ⓘ遊客中心 ⓑ巴士站
ⓟ廣場 ⓡ遺跡 ⓢ體育館 ⓖ政府機關

- 古斯巴達 Ancient Sparta
- 月亮女神聖域 Sanctuary of Artemis Orthia
- 市立體育館 Municipal Stadium
- 列奧尼達王雕像 Leonidas Statue
- 列奧尼達國王之墓 Leonidaeon
- Sparta Inn
- Menelaion Hotel
- 遊客服務中心
- Hotel Dioscouri
- 舊市政廳 Old Town Hall
- 斯巴達考古博物館 Archaeological Museum of Sparta
- 中央廣場 Central Square
- 巴士站
- 橄欖油博物館 Museum of the Olive and Greek Olive Oil

＼推薦／

距離雅典
約152公里

車程
3~4小時

MAP P.83

斯巴達
Sparta (Sparti)／Σπάρτα

如何前往

◎長途巴士

每日從雅典有7班車前往斯巴達，平均1.5~2小時一班，車程約3.5~4小時。

☎27310-26441

🕐雅典到斯巴達06:30~20:00，斯巴達到雅典06:30~19:30

💶單程€19.5　🌐ktel-lakonias.gr

傳說裡面長眠著列奧尼達國王的遺骨；也有人認為戰士的遺骸應該是埋於古劇場附近，此處為一座供奉阿波羅的神殿。

旅遊諮詢

◎旅遊服務中心

Info Kiosk of Sparti

此處可免費索取地圖及洽詢巴士資訊等。

🔘Leof. Likourgou 94

☎27310-25811

🕐08:00~20:00(週末至17:00)

　　斯巴達強大的軍事力量，使它在波希戰爭中扮演著希臘聯合勢力中的主要領導人，後來反而成為了伯羅奔尼薩戰爭中雅典的首要敵人。一直到西元前371年，它被底比斯人(Thebes)於留克特戰役(Battle of Leuctra)中打敗後，斯巴達喪失了它在古希臘舉足輕重的地位，不過卻依舊保持獨立，直到西元前146年羅馬人統治希臘後。

轟立在市立體育場前的列奧尼達王雕像，是斯巴達最熱門的拍照地點。

Highlights：在斯巴達，你可以去～

劇場背景中的橄欖園、民房、遠方山頂積雪的高山和藍天，勾勒出相當美的景觀。

1 古斯巴達
Ancient Sparta／Αρχαία Σπάρτη
盛極一時的斯巴達沒留下多少古蹟，如今只在市區北邊的山丘上，留下斯巴達衛城遺跡(The Acropolis of Sparta)，錯落著羅馬柱廊、市集、衛城地基、教堂及劇場遺跡…穿梭於一片橄欖園中，起初只能看見部分石柱與基座，直到走上最高處(昔日衛城)，往下眺望，便能看見分布於山坡間的劇場，即使建築結構七零八落，依舊可看出昔日壯觀的景象。
🅿P.111　🚶從中央廣場步行前往約20分鐘　☎27310-28575
🕐08:00~20:00　💲免費

Did YOU KnoW

傳說中斯巴達人的後代？

住在希臘本土最南端摩尼(Mani)半島的摩尼人自稱是著名的勇士斯巴達人的後裔，在斯巴達王國衰敗後，在此地的人被統稱為摩尼人，同樣以好鬥勇狠的性格聞名，因其封閉的地理位置也一直維持自治狀態，直到19世紀中後期才因為交通工程的拓展逐漸對外開放。目前雖然因為沒有古代斯巴達人的DNA可做檢驗，所以無法以科學證明，但當地人仍深信自己身上流著斯巴達人的血液並引以為豪！

② 斯巴達考古博物館
Archaeological Museum of Sparta／Αρχαιολογικό Μουσείο Σπάρτης

考古博物館中的展品，橫跨新石器時代到羅馬時期，以斯巴達和附近地區出土的文物為主，展出內容包括拉科尼亞地區(Laconia)的歷史文物、古樸時期到羅馬時期的雕刻以及各地搶救回來的古物，其中最重要的展品是出土自斯巴達的羅馬馬賽克鑲嵌地板，以及提供珍貴史料的碑刻等。

🅟P.111 🚶從中央廣場步行前往約5分鐘可達 🏠Lykourgou & A. Nikonos Str. ☎27310-28575 🕙08:30~15:30 💤週二、1/1、3/25、5/1、12/25~26、復活節週日 💲全票€3(11~3月€2)、半票€2 🎟3/6、4/18、5/18、9月最後一個週末、10/28、11~3月的週日免費 🌐archaeologicalmuseums.gr

坐落於庭園中的斯巴達考古博物館，其建築出自希臘建築師G.Katsaros的設計。

同場加映：雅典近郊小旅行

展出的衛城文物以列奧尼達王像最為著名，是斯巴達市的象徵。

月亮女神聖域中有許多以象牙、石頭或是黏土製成的雕像，大多是信眾供養或是還願的物品。

113

Highlights：在斯巴達，你可以去～

古斯巴達男人真是不好當呀…

斯巴達教育著重於激勵民心且訓練身體的耐力，認為孩子屬於國家。

出生：以葡萄酒洗身以測試幼兒是否健康，否則將會被拋棄於荒街野外。

7歲：混居一塊，故意不給他們足夠的食物，好讓他們精通竊取食物的技巧。

12歲：認一位年長男子為義父，當作他們的榜樣。

18歲：加入軍隊，並分成不同小組，有些還會被丟到郊區，讓他們只以一把刀想辦法生存下去。

另外成年男子每10天接受一次健康檢查，過於肥胖或膚色白皙的人，會被認為怠惰而必須接受處罰；母親會檢查從戰場上運回的兒子遺體，以他正面或背面的刀傷數判斷是否勇敢…

博物館的下層及戶外展示區，以古代的橄欖油生產技術介紹為主，並展示數座大型的榨油機具。

③ 橄欖油博物館
Museum of the Olive and Greek Olive Oil／Μουσείο της Ελιάς και του Ελληνικού Λαδιού

拉科尼亞地區是希臘主要的橄欖油產區之一，博物館從最早在希臘發現的橄欖樹開始介紹，展示希臘及斯巴達當地橄欖油發展的歷史、文化及製造技術等。從史前時代到20世紀，橄欖油被廣泛用在食品、身體護理、照明及宗教活動等各方面，館內鉅細靡遺的展示及解說，成為斯巴達最受歡迎的博物館之一。

◎P.111　●從中央廣場步行前往約8分鐘可達　⌂ Othonos-Amalias 129　☎27310-89315　◷3～10月15日10:00~18:00，10月16日~2月10:00~17:00　休週二、1/1、5/1、8/15、11/26、12/25~26、復活節週日　$全票€4、優待票€2　✿5/18、6/5、9月最後一個週末免費

④ 月亮女神聖域
Sanctuary of Artemis Orthia

這處出現於西元前6世紀的遺跡，設有獻給阿特米斯的神殿與祭壇，此外傳說這裡也是昔日斯巴達小男孩接受鞭打耐力測驗的地方，有位古羅馬旅遊作家曾記載：為了讓女神滿意，許多年輕男子不堪過度鞭打而死於灑滿血跡的祭壇上。不過關於這段文字的真實性，並不可考。

◎P.111　●從中央廣場步行前往約20分鐘　◷24小時　$免費

此處不但是年輕人的教育中心，同時也是舉行活動、跳舞及競賽的地方。

從斯巴達出發！探索拜占庭文化的露天博物館

米斯特拉（Mystras／Μυστρ）最初是法蘭克人興建的要塞，後來成為十字軍東征中拜占庭保衛伯羅奔尼薩對抗土耳其人的主力城市。到了西元14~15世紀，不但貴族宮殿林立，獨具特色的教堂更是彼此「爭奇鬥艷」。

＼ 從斯巴達前往米斯特拉 ／

長途巴士

🌐 ktel-lakonias.gr
從斯巴達有巴士前往米斯特拉，平日約4班，車程15~30分鐘，公車站就在旅遊服務中心附近(Leof. Likourgou 94)。最新的班次時刻請向旅遊服務中心確認。

穿好鞋子、裝滿水瓶，準備出發！
米斯特拉遺跡遍布整座山上，參觀大約需要半天的時間，從入口處購票後就一路是上坡路線，最好穿著一雙便於行走的好鞋。
遺跡內沒有餐廳，因此別忘了攜帶餐點及足夠的飲水，並做好防曬措施。若無足夠飲水，沿途設有飲料自動販賣機，記得自備零錢購買。洗手間位於入口的售票處旁。

米斯特拉遺跡
Ancient Mystras／Αρχαία Μυστρά

 MAP P.116

☎ 27310-83377 🕐 08:30~15:30，4~10月可能延長到20:00，依工作人員情形而定 ❌ 1/1、3/25、5/1、12/25~26、復活節週日 💶 全票€12、優待票€6 🌐 odysseus.culture.gr/h/3/eh351.jsp?obj_id=2397 🆓 3/6、4/18、5/18、10/28、9月最後一個週末免費

沿著Taygetos山坡分布，曾經盛極一時的米斯特拉，如今是座無人居住的「廢墟」，也是一處展現拜占庭文化的「露天博物館」，在西元1989年時被聯合國教科文組織明訂為世界遺產。該遺跡共分為兩個部分，由山頂往山下分別為城堡和宮殿群所在的上城，以及齊聚教堂與修道院的下城。

米斯特拉「成也斯巴達、敗也斯巴達」
斯巴達沒落後，法蘭克人在附近另關城鎮與修築城堡，為米斯特拉打下初步的根基。而後米斯特拉一路在拜占庭、土耳其和威尼斯人的統治下不斷發展，在17世紀時一度因為蠶絲業發達，人口居然高達40,000人。然而希臘獨立戰爭後，米斯特拉重回希臘懷抱，不過1825年的一場大火，燒毀了當地的房舍，也燒去了該鎮的重要性。1831年時，奧圖一世國王決定重建斯巴達城，於是米斯特拉從此遭到廢棄。

米斯特拉

霍迪集特里亞教堂
Hodegetria (Aphentiko)

聖德奧多羅伊教堂
Saint Theodoroi

艾凡傑利斯特亞教堂
Evangelistria

聖迪米特里歐斯教堂
Metropolis
(Saint Demetrios)

博物館
Museum

入口
及售票處

皇宮
Palace
Complex

上城城門
Upper Gate

紀念品店

下城
Lower Town

聖索菲亞大教堂
Saint Sophia

摩尼瓦西亞城門
Monemvasia Gate

聖尼古拉斯教堂
Saint Nikolaos

潘塔娜沙修道院
Pantanassa

上城
Upper Town

N

城堡
Castle

佩利伯列托斯修道院
Peribleptos

往斯巴達

🏰 城堡　✚ 教堂　🏛 博物館
城牆 ▬▬▬▬　道路 ▭▭▭▭

👁 聖迪米特里歐斯教堂 Metropolis (Saint Demetrios)

聖迪米特里歐斯教堂在米斯特拉被拜占庭帝國降伏不久後興建，大約出現於西元13世紀中葉。15世紀一位名為Matthew的主教，將其改建為擁有5座圓頂，下層為長方型會堂、上層為十字型的混合式建築。該教堂的濕壁畫相當值得一看，融合了多種技巧與藝術潮流，大致出現於西元前13~14世紀上半葉，該教堂獻給聖迪米特里歐斯。

👁 博物館Museum

博物館位於聖迪米特里歐斯教堂的附屬建築中，裡頭展示著斯巴達和米斯特拉的文物，包括雕刻、青銅飾品與珠寶、手抄本和傳統服裝等等。

👁 霍迪集特里亞教堂 Hodegetria (Aphentiko)

霍迪集特里亞教堂和聖德奧多羅伊教堂昔日共為維諾多奇翁修道院(Monastery of Vrondochion)的一部分，該教堂結構和聖迪米特里歐斯教堂一樣，同為長方型會堂和十字教堂的混合式建築，除建築宏偉外，內部傑出的濕壁畫是它最大的特色。壁畫年代回溯到西元1312~1322年間，其中部分還摻有君士坦丁堡的藝術風格。

身為米斯特拉最古老的十字教堂，聖德奧多羅伊興建於13世紀末，是拜占庭時期重要的建築，許多貴族以及教會職員均長眠於此。教堂內的壁畫大部分受損嚴重，並且不開放參觀。

艾凡傑利斯特里亞教堂 Evangelistria

這間優雅的小教堂造型類似聖索菲亞大教堂，為雙柱式十字型結構，裝飾其中的雕刻風格統一，應為最初且完整的教堂裝飾，這點在米斯特拉相當罕見。教堂內部的壁畫大約回溯到14~15世紀，包括高級教士St. Polykarpos的肖像。

聖索菲亞大教堂Saint Sophia

和其他教堂不同，聖索菲亞大教堂坐落於上城、皇宮的上方，它是昔日的皇宮教堂，也是一座小修道院的大教堂。該教堂建築和其他米斯特拉的教堂結構也大異其趣，相較之下顯得簡樸也簡單得多，外觀是座擁有圓頂主殿、鐘樓的多角式教堂，內部空間則顯得格外狹窄且高挑。

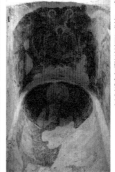

至於壁畫方面，聖殿上有一幅大型耶穌像，拱頂則描繪耶穌升天。

聖尼古拉斯教堂Saint Nikolaos

在鄂圖曼土耳其帝國統治當地的後拜占庭帝國時期，拜占庭藝術發展受到限制，然而教堂卻不斷出現以容納眾多信徒需求，聖尼古拉斯教堂就是在這種情況下興建。此時期最受藝術家喜愛的壁畫主題多與殉道者有關，在該教堂中可以看見一幅眉頭緊皺且手背釘有釘子的耶穌像。

可惜皇宮如今只剩下建築結構，內部不開放參觀。

 皇宮 Palace Complex

皇宮位於上城的一座平台上，這座龐大的建築群是歷經13~15世紀不斷擴建的結果，它們以寶座廳為主，兩道側翼幾乎以直角相交，中央圍出一座可聚集群眾的廣場。

西北面和南面的牆壁上描繪許多聖人，位於教堂前廳的則多為殉道者。

 潘塔娜沙修道院 Pantanassa

不同於其他位於米斯特拉的教堂，潘塔娜沙修道院不但是保存狀況最好、同時也是目前仍有修女長駐的教堂，也因此參觀時必須特別注意禮儀，不要穿背心或短褲等不合宜的服裝進入。潘塔娜沙修道院興建於1428年，它以霍迪集特里亞教堂為建築藍圖，然而在裝飾細節上卻假借哥德式樣，壁畫則模仿霍迪集特里亞教堂和佩利伯列托斯修道院。

同場加映：雅典近郊小旅行

 佩利伯列托斯修道院 Peribleptos

背倚岩壁，從側前廳門上的押花字推測，佩利伯列托斯修道院這座小修道院應為一對貴族夫婦所建。教堂內的濕壁畫充滿詩意，用色細膩且構圖精緻，無論是西側廊的「耶穌誕生」、北側廊的「浸禮」、北側的「聖母長眠」、南牆的「施洗者約翰」等等，都能感受到繪畫者的情感流動。

 城堡 Castle

西元1249年，法蘭克人在這座高600公尺的山丘上興建了首座的要塞，隨著日後統治者的擴充，形成一座曾經非常堅固的要塞。不過如今城堡本身徒留遺跡，能提供給遊客的是千百年不變的遼闊視野，即使下方景物早已物換星移，然而米斯特拉整個區域卻像模型般，呈現於觀賞者的眼前。

從斯巴達出發！只有一個出入口、沒有汽車的石頭城

摩尼瓦西亞(Monemvasia／Μονεμβασία)衍生自2個希臘單字：「mone」和「emvasia」，意指「單一入口」。舊城其實很小，面積甚至不到1,000平方公里，只以一條長約幾百公尺的堤道連著本島的葛菲拉(Gefyra)，葛菲拉也被稱為摩尼瓦西亞新城。

∖從斯巴達前往摩尼瓦希亞／

長途巴士

從雅典的Kifissou巴士站週一~六有3班巴士前往摩尼瓦西亞，週日2班；從斯巴達週一~六每日有3班、週日有2班巴士前往摩尼瓦西亞，最新時刻表請上網查詢。
🌐ktel-lakonias.gr

摩尼瓦西亞巴士站位在ACS快遞服務處隔壁，前往雅典的車票也可購此在買。

∖當地交通／

巴士站往返舊城

進到舊城的接駁車站牌位於新城(Gefyra)，就在通往摩尼瓦西亞的堤道旁邊，車資每人約€1.1，從這裡步行前往舊城約需25分鐘的時間。

島上聳立著中世紀要塞遺跡，整座舊城圍繞著一道厚實的城牆，使它贏得「東方的直布羅陀」以及「磐石」等暱稱。

摩尼瓦西亞

下城Lower Town
(中央廣場、考古博物館、艾克門諾斯教堂)

上城Upper Town
(聖索菲亞教堂)

葛菲拉
Gefyra

摩尼瓦西亞舊城

往舊城接駁車站

舊城入口

✚ 教堂　🏛 廣場
🚌 巴士站　道路 ════

N

摩尼瓦西亞舊城

⊙景點　🛍購物　🍴餐廳
✚教堂　🏛博物館　🚻洗手間

聖索菲亞教堂
Hagia Sophia

克里莎菲提薩教堂
Panagia Chrysaphitissa

上城城門
Central Gate of the Upper Town

東門
East Gate

城堡遺址
Citadel

蓄水池Cistern

N

火藥庫
Gunpowder Store

艾克門諾斯教堂
Christ Elkomenos

入口

聖尼古拉教堂
Hagios Nikolaos

往本島方向

下城中央廣場
Central Square of the Lower Town

洗手間

Kelari

博物館
Archaeological Collection-Mosque

🔊 **穿一雙好鞋、做好防曬，準備出發！**
摩尼瓦西亞舊城遺跡遍布在整座山上，而且終點就在最高點，參觀前記得換上便於行走的鞋、做好防曬並備足飲水。一進城門的大街上林立商店及餐廳，可先用完餐後再展開參觀行程。此外，城門入口前方有階梯通到洗手間。

整座城市由位居山頂的城堡控制，一道從山頂向下延伸至濱海地區的城牆，以三面緊緊圍繞。

同場加映：雅典近郊小旅行

如今的入口是從前的城門之一，此門雖小且看來並不起眼，但它後方延伸不斷爬升的城牆，卻令人留下深刻印象。

MAP P.119

城門與城牆
Gate & Fortress
／Πύλη & Φρούριο

🚌 從巴士站步行前往城門約25分鐘，也可以搭乘接駁巴士前往

西元6世紀時，希臘受到斯拉夫人等外族入侵，於是包括斯巴達等伯羅奔尼薩人，紛紛移居摩尼瓦西亞避難，這些人將房屋和教堂，蓋在岩山間陡峭狹窄的巷弄裡，並且興建一道非常厚實的城牆。在拜占庭時期，摩尼瓦西亞發展成為重要的海上貿易中心，到了12世紀，此處已是有著強大軍事力量的城市。

下城
Lower Village／Κάτω Χωριό

◉從城門進入後就抵達下城

進入城門後，就已經進入下城的範圍，下城是從前的商業中心，四周是工作坊以及商人、水手們的住宅等。如今一進來的主要大街上，同樣是林立著餐廳、商店及旅館，並且門口總是裝飾得五花八門。不同於其他觀光區販售伴手禮的商店，這裡的小店很有特色，手作木製品、設計師飾品店，以及當地橄欖油和果醬等製品專賣店…讓人忍不住每間都想進去瞧瞧。

街道通往下城的中央廣場，廣場上還立著18世紀的大砲，正對著前方的海洋。

拜占庭教堂是當地的特色，這座小小的舊城裡，居然擁有高達40間的教堂。

艾克門諾斯教堂
Christ Elkomenos

博物館的對面，坐落著摩尼瓦西亞目前仍在使用的教堂。這座建築的設立可能源自6至7世紀。教堂內的繪畫及聖物多次被偷走，其中一幅14世紀的耶穌受難畫作，歷經多年的找尋，終於在2011年又重回到教堂裡。

◷3~10月10:00~15:00、16:30~19:30，冬季依人潮而定
◉免費

教堂入口門楣上，還保存了象徵拜占庭的孔雀浮雕。

同場加映：雅典近郊小旅行

考古博物館
Archaeological Collection-Mosque

這座建築原本是一座拜占庭教堂，到了16世紀這裡改為清真寺。到了第二次威尼斯人統治時期，又從清真寺轉變成公眾建築，土耳其人在1715年又將它改回教堂。之後此處又陸續被當成監獄、咖啡館使用，直到1999年，才改成如今的博物館。

☎27320-61403 ◷08:30~15:30 ㊡週二、1/1、5/1、12/25~26、復活節週日 ㊎全票€2、優待票€1 ♺3/6、3/25、4/18、5/18、10/28、9月最後一個週末免費

博物館內介紹摩尼瓦西亞的歷史、文化及生活等。

從橄欖油保養品、在地釀造的酒類、香料、蜂蜜、沐浴用品，到飾品、畫作及各種口味的手工餅乾等，琳瑯滿目。

Kelari

這間當地年輕人經營的紀念品店，從他母親即開始設店，至今已超過20年，店內販售的商品種類眾多，還可以免費試吃並試喝紅酒，熱心的老闆以流俐英文解說自家販售的商品，結帳時還會贈送小試用品，帶給遊客驚喜。此外，家族在舊城也經營民宿。

◉從城門進入步行兩分鐘即抵，在街道右手邊 ☎27320-61695 ◷24小時 ⊕keliamonemvasia.com

城牆包圍的下城以湛藍海水為背景，交織出非常美麗的景觀。

上城
Upper Town／Άνω Πόλη
MAP P.119

👁下城有通往上城的指標，不斷往山上爬通過上城城門就可達聖索菲亞教堂及城堡遺跡

從下城廣場續行不遠後，會有上、下兩條岔路，往下通往聖尼古拉教堂和克里莎菲提薩教堂，另一條則往上通往上城。上城是昔日上層階級的行政中心，如今仍可見進入上城的城門、聖索菲亞教堂(Hagia Sophia)以及其他教堂、澡堂、陵墓、蓄水池、要塞等的遺址。

位於峭壁上的聖索菲亞教堂，是其中保存的最為完整的建築。

在昔日鼎盛時期，這裡就居住了超過3萬位居民。散落於四周的斷垣殘壁，多為大型建築的遺跡。

大門上裝飾著孔雀雕刻，還點綴著大理石浮雕。

聖索菲亞教堂Hagia Sophia

這棟拜占庭式教堂由Andronicus II Palaiologos皇帝下令興建，時間約是西元12世紀。該教堂在落入土耳其人手中後，牆壁漆上了石灰並當成清真寺使用；到了威尼斯統治時期，又成為天主教教堂。之後隨著政權更迭，教堂也幾度改變其功能。聖索菲亞教堂的部分結構有些類似米斯特拉的教堂，南面都採雙拱門設計。

☎2732-061403 ⏰週五至週一08:30~15:30 ⊘週二~週四

城堡遺址Citadel

這座原是拜占庭時期的要塞，呈四方形，當時在四個角都設有高塔。從城堡東邊磚砌牆面上發現的字母，說明了城堡是建於15世紀，那時是迪奧多爾二世(Theodore II Palaiologos)在位時期。不過目前城堡建築嚴重毀損，只剩下一旁的火藥庫較完整。

居高臨下的城堡遺址上，可將摩尼瓦西亞新城、舊城以及連接兩地的堤道盡收眼底。

同場加映：雅典近郊小旅行

除了雅典衛城，最能代表希臘的就是它們了！

愛琴海島嶼
Aegean Islands

雅典
Athens

伯羅奔尼薩半島
Peloponnese

薩羅尼克群島
The Argo-Saronic

西克拉德斯群島
The Cyclades

羅德島
Rhodes

克里特島Crete

位 於希臘和土耳其之間的愛琴海，屬於地中海的一部分，散落其中多達近3,000座的島嶼，勾勒出異常曲折的海岸線。一碧如洗的藍天和湛藍到無以復加的海洋，隨岩脈層疊的刷白房舍與耀眼的陽光，因步行發出悅耳鈴聲的驢子，以及和路人於巷弄間玩起躲迷藏的小貓…愛琴海上的島嶼以其獨特且悠閒的面貌，向世人展現它慵懶的魅力，因此讓遊人趨之若鶩。

不只是遊客，
連當地人也很愛的度假地！

王牌景點 ❶

愛琴海島嶼：薩羅尼克群島

👁 MAP P.124

薩羅尼克群島
The Argo-Saronic／Σαρωνικός

薩羅尼克群島

科林斯 Corinth
雅典 Athens
薩拉米那島 Salamina
愛琴娜島 Aegina
皮瑞斯港 Piraeus
邁錫尼 Mycenae
波羅斯島 Poros
薩羅尼克灣
史貝澤斯島 Spetses
伊卓島 Hydra
Saronic Gulf

　　薩羅尼克群島由愛琴娜島、伊卓島和波羅斯島等島嶼構成。愛琴娜島傳說中是愛拈花惹草的宙斯藏匿情婦愛琴娜的地方，因而得此名。在全盛時期建造的艾菲亞神殿，使這座小島成為薩羅尼克群島中最熱門的旅遊景點。

　　波羅斯島是富商們鐘愛之島，他們通常搭乘自己的帆船航行於薩羅尼克灣，然後停泊在波羅斯島的港口。而伊卓島的船商經營海上貿易非常成功，造就了許多億萬富翁，在希臘獨立戰爭中，甚至自己購買武器，武裝整座島以對抗入侵的軍隊。

造訪薩羅尼克群島理由

1 離首都最近的度假村
——愛琴娜島

2 有錢人的度假天堂
——波羅斯島

3 迷人的無車島
——伊卓島

**怎麼玩
薩羅尼克群島才聰明？**

一日遊跳島行程

雅典的布拉卡區有不少旅行社推出愛琴娜島、波羅斯島和伊卓島的一日遊行程，可同時造訪這3座薩羅尼克群島的小島。

你有看過紅色的開心果嗎？

愛琴娜島上的開心果品種「Kilarati」被認為是開心果中品質最好，果仁為綠色但外觀卻是粉紅色調，好吃以外還很賞心悅目，來到島上沒買些就太可惜了，如果恰巧在9月到訪愛琴娜島還有機會遇上當地的「開心果節(Aegina Fistiki Fest)」喔！

愛琴娜島

從皮瑞斯每天都有數班渡輪前往愛琴娜島，船程約75分鐘，除渡輪外每天也有多班水翼船前往愛琴娜島，船程只需40分鐘。愛琴娜島碼頭前方有巴士站，可搭乘巴士前往艾菲亞神殿。
www.aeginagreece.com

波羅斯島

依季節不同，從皮瑞斯夏、冬兩季每天都有各約5~10班渡輪前往波羅斯島，船程約2.5小時，除渡輪外也有水翼船前往波羅斯島，船程只需1小時。羅斯碼頭靠近波羅斯城，可以步行方式漫遊其中。
visitporos.com

伊卓島

從皮瑞斯每天都有數班水翼船前往伊卓島，船程約1~2小時。伊卓島碼頭位於該島的中心伊卓城，可以步行方式漫遊其中。
www.hydra.gr

至少預留時間
一次看完3個島：一整天
就是來度假：2天1夜、3天2夜，隨你安排

必看重點

如果尋訪古蹟不是你的菜，那就來這裡體驗希臘式浪漫吧！

愛琴娜島
Aegina (Égina)／Αίγινα

愛琴娜島早在4,000年前就有人定居島上，而由於其掌控薩羅尼克灣的地理位置，因而在西元前7世紀左右發展成為航海貿易重鎮，富庶的程度甚至超過雅典，當時這裡還是全歐洲第一個自行鑄造銀幣的地方，後來還成為整個希臘世界通行的貨幣。

遊覽愛琴娜島，從雅典搭船會停靠在島的東部愛琴娜鎮上，碼頭附近的巴士站就有班車前往艾菲亞神殿，若想在鎮上遊逛，碼頭邊就有馬車等著載遊客到大街小巷裡繞繞，當然也可以步行的方式，穿梭於這座迷人的小鎮。

愛琴娜島上港口泊滿了船隻。

無論是魚、蝦、章魚或花枝，由於食材新鮮因此即使以最簡單的方式烹調，都讓人口水直流。

魚市Fish Market

儘管面積不大，充其量只是條加蓋屋頂的小巷，不過攤位上陳列的海鮮非常新鮮，都是當日捕獲的漁產，不但當地人到此選購，連在島上度假的遊客也常買些魚蝦回去烹調。而魚市後方橫著一條小巷子，短短的幾百公尺擠了好幾家餐廳，這裡的食物保證價格合理且美味。此外價格更比雅典便宜約三分之一，到這裡大啖海鮮準沒錯。
Kanzantzaki路往東南方走，就會來到當地的魚市場

Kanzantzaki路上林立著販售當地特產開心果以及杏仁等相關製品的紀念品店。

從雅典載著滿滿一船蔬果的船隻停靠港邊，向島上居民販售。

愛琴娜島

薩羅尼克灣
Saronic Gulf

古愛琴娜考古遺跡與博物館
Ancient Aegina Archaeological
Site and Museum

艾菲亞神殿
Temple of Aphaia

愛琴娜鎮
Aegina Town

Moni Agiou
Nektariou

Agia Marina

Moni Hrysoleontissa

薩羅尼克灣
Saronic Gulf

Marathonas

Hellenic Wildlife
Rehabilitation Centre

Mt. Oros

Moni

Perdika

✟教堂　🚂火車站　▲山　⛵港口
🏛博物館　道路

Cape Pyrgos

愛琴娜島考古博物館
Archaeological Museum of Aegina

古愛琴娜考古遺跡突出於一座稱為Kolona的海岬上，Kolona的名稱來自「圓柱」(Column)，以那根從碼頭就能看見的孤單石柱為名，它是昔日當地位於至高處的阿波羅神殿的遺跡。入口旁有一間小型的博物館，裡頭展出從遺跡中發現的文物，其中包括青銅器中期受米諾安文明影響的陶器等等。

🚶從港口往西北方走，步行約10分鐘可達　🏛Patriarchou Grigoriou E1　☎22970-22248　🕐10:00~17:30(11~3月10:30起)　⊘週二、1/1、3/25、5/1、12/25~26、復活節週日　💶全票€4、優待票€2　🌐odysseus.culture.gr/h/1/eh155.jsp?obj_id=3255　🎫3/6、4/18、5/18、10/28、9月最後一個週末免費

這座出現於西元前5世紀的建築，如今只剩下部分地基工人追憶。

艾菲亞神殿是全希臘目前僅存最完整的多利克式建築之一。

一旁的迷你博物館展出神殿建築與歷史，以及從中救出的雕像與裝飾。

👁 艾菲亞神殿Temple of Aphaia

在愛琴娜島的全盛時期，島上興建了一座艾菲亞神殿，從西元前490年至今，都被認為是祭祀雅典娜女神，直到1901年德國的考古學家在這裡發現了關於艾菲亞女神的敘述，才確認這座神殿的身分。艾菲亞是克里特島的女神，祂逃離米諾斯國王的魔掌後不幸跌入海中，被某些漁夫救起後帶到了愛琴娜島。

🚌巴士：從港口往古愛琴娜考古遺跡方向走，會先抵達公車總站，搭巴士約30分鐘可達艾菲雅神殿。巴士班次多配合船班，淡季時班次較少，建議抵達愛琴娜鎮後儘早搭車；計程車：從愛琴娜鎮搭乘前往單程約€12　📍位於愛琴娜鎮以東12公里處　☎22970-32398　🕐10:30~17:30　⊘1/1、3/25、5/1、12/25~26、復活節週日　💶全票€6、優待票€3　odysseus.culture.gr/h/3/eh355.jsp?obj_id=2354　🎫3/6、4/18、5/18、10/28、9月最後一個週末免費

Did YOU KnoW

神殿的等腰三角形之謎！

有人發現愛琴娜島上的艾菲亞神殿與蘇尼翁的海神殿、雅典的海菲斯塔斯神殿，以及巴特農神殿、艾菲亞神殿與德爾菲的阿波羅神殿竟可以在地圖上構成兩個等腰三角形！這讓學者們把神殿與天體行星聯想在一起，懷疑古希臘人建造神殿是為了找到與地球相對應的行星，雖然這種學說並沒有實證，但也讓這些神殿增添一番神秘的想像空間！

愛琴海島嶼：薩羅尼克群島

山丘上的波羅斯塔是島上的地標，配上層層疊疊的紅屋頂和藍白色牆壁，讓人迷戀不已。

©flickr Tiamarios Efthimiadis

波羅斯島
Poros (Póros)／Πόρος

由於鄰近歐陸，薩羅尼克群島一直都是雅典人週末度假的好去處，其中波羅斯以它平靜的港灣和依山勢而建的山城小鎮，特別受希臘富商的青睞，這些有錢人通常搭乘自己的帆船航行於薩羅尼克灣，然後停泊在波羅斯島的港口，享受一個寧靜的週末。

✝ Zoodochos Pigi修道院
Holy Monastery of Zoodochos Pigi

Zoodochos Pigi修道院是這座島上的觀光景點，在Iroon路的公車站搭乘綠色巴士(白色巴士前往各海灘)，其終點站就是Zoodochos Pigi修道院。由於巴士班次不多，最好一下車就先確定回程班次時間。修道院裡有拜占庭時期遺留下來的壁畫，進入修道院時，記得要披上門口掛著的黑袍以示敬意。

 在碼頭搭乘前往Monastiri海灘的巴士，從海灘步行約12分鐘可達；巴士班次不多，最好一下車就先確定回程班次時間 Ⓞ Moni Zoodochou Pigis Kalavrias Ⓣ 日出~13:30、16:30~日落

波羅斯島

N

往愛琴娜島和皮瑞斯港
to Aegina & Piraeus

Methanon Gulf

Poros Channel
波羅斯海峽

Cape Aherado

薩羅尼克灣
Saronic Gulf

Kalavria

Cape Kalavria

●Akritsa

涅達岬
Cape Neda

✚海神廟
Temple of Poseidon

俄羅斯灣
Russian Bay

Neorion Beach
尼歐李翁海灘

Moni Zoodochos Pigi
修道院

Pogonos Port

卡納利海灘
Kanali Beach

Peloponnese
伯羅奔尼薩

波羅斯城
Poros
Sferia

哥拉塔斯
Galatas

往伊卓島to Hydra

✚教堂
海灘

伊卓城沿著陡峭的山勢而建，一棟棟白色建築緊貼圓弧內側層層疊疊，在房子的分布範圍以外，只剩下裸露的山頭。

伊卓島
Hydra／Ύδρα

伊卓島是個沒有車子的小島，交通運輸全靠驢子，成為它最迷人的特色。許多國外藝術家、作家、導演都喜歡住在這裡尋求靈感，當渡輪一開進半圓形的港灣時，你立刻就能明白為何這些藝文創作者會愛上這裡！

伊卓島上有許多民宿、小旅館，價錢與雅典布拉卡區的旅館差不多，但是環境、視野、氣氛卻都是雅典所無法比擬的，如果你到希臘的目的，不是為了尋訪古代遺跡而是沾染一些浪漫，建議你直接從雅典前往伊卓島住上幾天。

對國家非常有貢獻的伊卓島富商們

18~19世紀之間，伊卓島的船商經營海上貿易非常成功，造就了許多億萬富翁，整個伊卓城也因為富商們的投資建設而顯得富裕繁榮。1821年，在希臘展開的獨立運動中，伊卓島的富商們自行斥資購買武器，武裝整座島嶼以對抗入侵的軍隊，甚至還有武裝船艦，主動出擊。這些英勇的事蹟直到現在還常存希臘人口中，成為津津樂道的話題。

©Mark Aleksandr Zhivov

現在依舊可以看到許多沿山坡而建的大型宅邸，它們全都是屬於伊卓島富商們的財產。

往波羅斯島、愛琴娜島、皮瑞斯港／
to Poros, Aegina & Piraeus

伊卓島

伊卓海灣
Gulf of Hydra

曼卓基海灣
Mandraki Bay　Moni Zourvas

曼卓基Mandraki
伊卓Hydra　Moni Agios Triadas
卡米尼Kamini　Moni Agios Nikolaos
Vlyhos　Moni Agias Matronis
Moni Efpraxias　皮哥斯山 Mt. Pyrgos
Molos　愛羅斯山Mt. Eros　Cape Rigas
Molos Bay　　米爾敦海
Agios Mamas　Mirtoon Sea
Episkopi　　N

Agios Nikolaos Bay

✚教堂 ▲山

鐘塔及拜占庭博物館
Clock Tower & Byzantine Museum

鐘塔是伊卓城最具代表的建築物，從船上遠遠地就能看見它美麗的姿態，略呈粉紅色的岩石雕刻成鏤空的造型，顯得十分優雅，從伊卓城任何一個地方都可以看到它，儼然成為本城的精神象徵。

一旁位於2樓的拜占庭博物館，格局非常小，展出的東西也不多，以宗教繪畫聖像(Icons)和一些教主的華麗服飾、頭冠、寶座為主。

◎博物館4~11月中旬10:00~17:00 ⑭週一、11月中~3月

希臘人氣最高的度假島嶼就在這裡！

MAP P.133

西克拉德斯群島
The Cyclades／Κυκλάδες

　　西克拉德斯群島的希臘文名稱原意為「輪」，形容該群島由39個島嶼圍繞而成的形狀；至於位於這個輪形中央的，就是希臘神話中阿波羅的誕生地——狄洛斯島；位於附近的納克索斯島，則是酒神戴奧尼索斯傳說中的出生地。

　　至於米克諾斯島則是希臘島嶼中最觀光化且海島之旅必經的景點，洋溢著夢幻的氣氛；而又稱為提拉島(Thíra)的聖托里尼島，其文明因火山噴發而消失，因此成為傳說中的「亞特蘭提斯」。

愛琴海島嶼：西克拉德斯群島

造訪西克拉德斯群島理由

1 以白風車與白鵜鶘為標誌——米克諾斯島

2 紅土懸崖上的藍頂白屋——聖托里尼島

3 太陽神在這裡呱呱墜地——狄洛斯島

4 遠離喧囂的夢幻島——納克索斯島

Did YOU KnoW

不粉刷牆壁竟然是犯法的？！

西克拉德斯群島以白色建築物聞名，因為在豔陽高照的島嶼上白牆不僅可以反射陽光讓屋內涼爽，也有防霉的作用，當地政府甚至規定居民們每年都必須粉刷一次牆壁以保持乾淨的白色調，而現在看到穿插出現的藍色或黃色窗框、大門等，則是居民們為了不讓房屋看起來太單調才刻意漆上不同顏色來點綴，也多虧當地居民卓越的美感才形成現在遊客們熱愛的小島風情畫！

西克拉德斯群島

狄洛斯島
Delos

●雅典
Athens

提諾斯島
Tinos

米克諾斯島
Mykonos

帕羅斯島
Paros

納克索斯島
Naxos

N

米洛斯島
Milos

聖托里尼島
Santorini

米克諾斯島

飛機
從雅典搭乘飛機前往米克諾斯島約需40分鐘，旺季每天約有2~4班；米克諾斯的機場沒有巴士前往，只能搭乘計程車或透過旅館安排館接機服務。

渡輪&水翼船
◎從皮瑞斯港搭乘渡輪前往，船程約5小時；搭水翼船(Speed Boat)前往，船程只需3小時。
◎從Rafina港搭乘渡輪前往，船程約2.5小時；搭水翼船前往，船程約2小時。

島上交通
米克諾斯島的碼頭有新港(New Port)和舊港(Old Port)之分，從皮瑞斯往返的大船多半停泊在新港，距離荷拉(Hora/Chora)北方約3公里，有巴士前往鎮區，單程票價€1.6，搭計程車約€10；往返聖托里尼、納克索斯等島的快艇多半停泊在舊港，位於曼托廣場(Manto Square)的北方，步行約10分鐘可達。新港和舊港之間也有海上巴士，單程票價€2，行程約12分鐘。
🌐mykonos.gr

狄洛斯島

渡輪
從米克洛斯島Akti Kambani路上、聖尼可拉斯教堂旁的碼頭，每天有數班渡輪前往狄洛斯島，船程約30分鐘。旺季時還有導遊導覽的套裝行程。狄洛斯島碼頭就位於阿波羅聖域等遺跡區附近，可以步行的方式前往。
☏22890-28603
⏱船程時刻依季節而變動，冬季船班減少，最新船班時刻請上網查詢
💰從米克諾斯來回船票每人€22
🌐www.delostours.gr

聖托里尼島

飛機
從雅典搭乘飛機前往聖托里尼島約需30-45分鐘，夏季航班非常多；聖托里尼島的機場位於卡馬利海灘以北約3公里處，可搭乘巴士或計程車前往費拉等各區。

渡輪&水翼船
一般渡輪都停靠在聖托里尼島的阿提尼歐斯港(Athinios Port)，此港位於費拉(Fira)南方4公里處，有配合船班的巴士前往費拉市區。
◎從皮瑞斯可搭渡輪前往，由於並非直達，船程約需8小時。
◎從克里特島前往，直航船程約1.5小時。
◎從米克諾斯搭乘水翼船經納克索斯島前往，船程約2.5小時。
🌐www.santorini.net

納克索斯島

飛機
從雅典搭乘飛機前往納克索斯島需約1小時，班次依季節而定。納克索斯島的機場位於島嶼西側，由此搭乘計程車前往荷拉約5分鐘。

渡輪&水翼船
納克索斯島碼頭位於荷拉(Chora)，可從這裡步行進入鎮中心或搭乘巴士前往各地。
◎從皮瑞斯搭渡輪前往，船程約5.5~6小時；搭水翼船前往，船程約3.5~4小時。
◎從米克諾斯島搭水翼船前往，船程約20分鐘。
◎從聖托里尼島搭水翼船前往，船程約75分鐘。
🌐www.naxos.gr

怎麼玩
西克拉德斯群島才聰明？

貨比三家，再做決定
聖托里尼島上並沒有官方的旅遊服務中心，看到任何「i」的標誌都是旅行社自己掛的，主要還是吸引遊客上門由他們代訂飯店、交通工具或安排旅遊行程，可以比較幾家再做決定。

陽光沙灘&猛男美女

島嶼旅遊怎麼能少得了陽光沙灘？聖托里尼島和米克諾斯島是愛琴海標準的度假島嶼，別錯過島上的夢幻海灘！

至少預留時間
就是來度假：想住幾晚就住幾晚

懸崖峭壁上的藍白山城、穿梭在房子之間的石板小路…每個人一生都想去一次的愛琴海島嶼～

島上5座風車是當地最著名的景觀，也是遊客最愛拍照的留戀之地。

在街上大搖大擺的鵜鶘，讓人忍不住跟在牠後頭努力捕捉牠可愛的身影。

超低調的LV專賣店！
以咖啡色調及複雜花紋為品牌主視覺的LV，專賣店在米克諾斯島

也只能入境隨俗的漆成純白色搭配黑色店名，不仔細看還沒發覺這是原本在都市裡櫥窗設計總是花枝招展的LV呢！難怪有人戲稱這大概是全球最低調的LV店面了！

◎ 米克諾斯島
Mykonos (Mýkonos)／Μύκονος

🅟 P. 133 🌐 mykonos.gr

　　每到夏天，米克諾斯島就會湧進成千上萬的遊客：富商、嬉皮、LGBTQ+社群、藝術家…等。他們可能會在海灘旁租一間小屋，一住就是數星期。但是無論在島上哪個地方停留，荷拉(Hora)小鎮是大家絕對不會錯過的地方。

　　在荷拉散步是一種絕妙的享受。曲折狹窄的巷弄，就像一個錯綜複雜的白色迷宮，藍色屋頂窗欄點綴其間，不時見到模樣可愛的貓咪、操著大嗓門閒聊的主婦、穿著工作服正重新為房子粉刷的男子，一派海島特有的閒情。

↑往皮瑞斯港

米克諾斯島

Fanari

N

● Panarmos
● Agios Stefanos
● Ormos Tourlos　● Fetlia
● Ano Mera
● 荷拉Hora
● Megali Ammos
普拉迪亞羅斯海灘
Platys Gialos Beach　● Kalafatis
● Agia Anna
Kapari　　　　　Kalo Livadi
● Ornos　● Elia
● Agrari
Ai giannis　Psarou　超級天堂海灘
　　　　　Super Paradise
Paraga　天堂海灘
　　　　Paradise Beach

🏖 海灘

↓往狄洛斯島、聖托里尼

位於Akti Kambani路中央的魚市，每天早上9點以前，漁船靠岸之後，就在這裡拍賣當天新鮮的漁獲。

荷拉小鎮

N

舊港 Old Port　　觀光警察
　　　　　　　　　　　↑往新港
Harmony Boutique Hotel Ⓗ　往北邊海灘的巴士站
考古博物館 🏛　　Ⓘ EOT及電信局
Archaeological Museum

往迪洛斯島的乘船處
波尼風車及農業博物館
Boni's Windmill and the
Agricultural Museum
魚市 Fish Market
民俗博物館　　　　　　曼托廣場
Folklore Museum　　　　Manto Sq.
市政廳　　Akti Kampani
帕拉波爾提亞尼教堂　　Ⓗ曼托飯店Hotel Manto
Panagia Paraportiani
Church
Kastro's
Restaurant-Bar　　　　Ⓗ Opa Taverna
小威尼斯　　Kalogera　　菲力普飯店
Little Venice　　　　　　Hotel Philippi
　　　　　　　蓮娜的家
天主教堂 ✝ 天主教堂　Lena's House
愛琴海海事博物館　　Ⓗ Matina Hotel
Aegean Maritime Museum Enoplon Dinameon
風車群　　　　三井廣場
Windmills
　　　　　　　　　　Ⓘ露天劇場

Ⓗ飯店　Ⓗ景點
Ⓗ碼頭　Ⓘ巴士站
Ⓘ劇場　🏛博物館
✝教堂　乘船處
政府機構　Ⓗ餐廳

奧林匹克
航空辦公室
　　往南邊海灘
　　的巴士站
↓往Ostraco Suites

Did YOU KnoW

米克諾斯島的「港口檢察長」

可愛的白鵜鶘之所以變成島上寵兒，據説是在1955年有位漁夫把一隻受傷掉落島上的白鵜鶘救起醫治，沒想到白鵜鶘康復後就賴在島上不肯走了，因為他長相討喜受到當地居民寵愛，大家還給他取了名字「Petros」，就此變成島上明星，在當初這隻Petros去世後，已經習慣有白鵜鶘陪伴的當地人陸續接獲捐贈給米克諾斯島的白鵜鶘。

👉這樣走不迷路！

白色迷宮

米克諾斯島人口最集中的荷拉小鎮就像一個錯綜複雜的白色迷宮，為了不讓自己在彎彎曲曲的小巷中迷路，有一條散步路線一定要認識。

1 曼托廣場(Manto Square)是鎮上較為空曠的地方，白天偶爾會有1、2輛計程車等著載客，然而每到深夜卻總是大排長龍，狂歡後的觀光客等著搭車返回旅館。

2 廣場旁的Matogianni是當地的主要道路之一，兩旁坐落著許多咖啡館、紀念品商店，可以慢慢走走逛。

3 走到底後右轉就是Enoplon Dinameon，沿途有許多酒吧、餐廳和珠寶店，入夜後整條巷子被照得燈火通明，島上大部分的觀光客幾乎都聚集於此，非常熱鬧擁擠。

4 繼續往下走到底再右轉後會接到Mitropoleos，而從左邊的巷子走出去，就可以通到小威尼斯(Little Venice)。

5 從小威尼斯後方的小路直走，就會看到純白色的帕拉波爾提亞教堂和民俗博物館。

6 博物館出來就是面對著港口、延展成一條圓弧形的接Akti Kampani路，首先吸引你的目光會是小巧可愛的聖尼可拉斯教堂(St. Nikolas Church)，沿著這條路即可回到起點的曼托廣場。

風車群Windmills

米克諾斯島由於海風強勁，島上居民從以前就有建造風車用以磨麥的習慣，雖然隨著現代化以及觀光事業的發達，大多數風車都已停止運轉，但島上仍然可以看見許多風車。黃昏是這裡最熱鬧的時刻，許多遊人聚集於此，就為了等待落日自風車前方落入海面的景色。

📍從曼托廣場步行前往約10~15分鐘

5座風車一字排開，白色的圓形建築覆上稻草屋頂，構成明信片上最討喜的畫面。

愛琴海島嶼：西克拉德斯群島

小威尼斯Little Venice

荷拉西側的弧形海灣，一幢幢房舍直接臨海而建，一家家酒吧、舞廳紛紛將座位搬到面海的戶外，整條道路都被酒吧的客人塞滿，由於這樣的景象好似義大利水都威尼斯，因此暱稱為「小威尼斯」，其風光經常出現於名信片上，儼然成為米克諾斯的地標。

📍從曼托廣場步行前往約10分鐘

🔊 **別怪我沒提醒你～別搶第一排！**
沿著海灣而建築的餐廳充滿了準備一邊愜意觀賞落日美景一邊優雅用餐或來杯美酒的人們，但看到這面海第一排的座位可別太興奮坐上去，漲潮海浪拍打上來時，坐在水岸第一排可是會被淋成落湯雞的喔！

帕拉波爾提亞尼教堂Panagia Paraportiani Church

米克諾斯島上的教堂眾多，以這座教堂最為知名。純白色的教堂襯托著港灣美景，呈現一片祥和的氣氛，彷彿還停留在中世紀的寧靜當中，也讓住在這裡的生活顯得更加惬意。天氣晴朗時，隨手一拍，就是一張名信片般的美景照片。

🚶從曼托廣場步行前往約8分鐘　📍Ag. Anargiron

奶油教堂？棉花糖教堂？這教堂難道可以吃？！
當然是不能吃啦！帕拉波爾提亞尼教堂不規則的外觀幾乎沒有稜角，圓潤的線條加上純白色調，像極了融化的奶油或是一團棉花糖，因此遊客們也幫它取了「奶油教堂」或是「棉花糖教堂」這樣俏皮的小名！

民俗博物館Folklore Museum

民俗博物館原本是一位船長的家，興建於18世紀，館內展出米克諾斯島民傳統的生活型態，包括廚房、臥室、客廳等，都按照原樣呈現。該建築本身也很有學問，它位於一塊岬角上，風勢特別強勁、海上視野也分外遼闊，不但可以隨時監視接近港口的任何船隻，還可以藉由風向預知天候是否適合出海，只有船長才會選擇定居於環境如此特殊的位置。

🚶從曼托廣場步行前往約6分鐘　📍帕拉波爾提亞尼教堂北側　📞22890-26281　🕐
10:00~16:00　❌週一　💲€2　🌐www.mykonosfolkloremuseum.gr

客廳的牆上掛滿了陶瓷盤子，大部分是羅德島的特產。

民俗博物館雖然小，卻是認識米克諾斯島生活原貌的最好教材！

 ## 波尼風車Bonis Windmill

坐落於小山丘上的波尼風車，是觀賞米克諾斯全景最好的地方，從這兒俯望，可以看到一幢幢白色的房子高低錯落著，以遠方的湛藍大海為背景，藍與白的組合，就是米克諾斯予人最鮮明的印象。這裡因為地形的關係，風非常強勁，這也是它何以存在的重要原因。欣賞美景之餘，自己也要注意站穩腳步，以免被風吹跌落。

🚶從曼托廣場旁順著階梯，步行前往約5分鐘 📍Ano Mili

 ## 考古博物館
Archaeological Museum

位於舊港口附近的考古博物館，是一棟百年歷史的新古典風格建築，內部則展示從米克諾斯島及鄰近的瑞尼亞島（Rheneia）挖掘出土的古代文物。館內空間劃分成5區，展出6~7世紀的陶器、珠寶與墓石等，顯現西克拉德斯群島文明的特色。

🚶從曼托廣場步行前往約8分鐘 📞22890-22325 🌐odysseus.culture.gr/h/1/eh155.jsp?obj_id=3301 ⓘ目前不對外開放，請留意官網公告

位於展廳中央的巨壺是鎮館之寶，壺上浮雕描繪著特洛伊戰爭的場景，值得細細欣賞。

©wikimedia 7de

 ## 愛琴海海事博物館
Aegean Maritime Museume

愛琴海海事博物館就在在「蓮娜的家」隔壁，展出許多從愛琴海域收集來的珍貴寶物，包括各種航海道具、模型，其中最令人神往的就是古航海地圖和各種船隻的模型，讓人得以藉此想像史前時代愛琴海商船往來的熱鬧景象。

🚶從曼托廣場步行前往約5~8分鐘 📍Enoplon Dinameon 10 📞21081-25547 🕐4~11月10:00~13:00、18:00~21:00 ❌週一 💲全票€4、優待票€2 🌐www.aegean-maritime-museum.com

 ## 蓮娜的家Lena's House

「蓮娜的家」是保存了19世紀米克諾斯上中產階級家庭的模樣，整個房間的格局、天花板的形式、家具的功能等完全呈現傳統生活型態，你可以想像在這間房子裡人們怎麼過生活，這才是最吸引人的地方。

🚶從曼托廣場步行前往約5~8分鐘 📍Enoplon Dinameon 10 📞22890-28195 🕐17:00~21:00 ❌週日 💲€2

島嶼旅遊怎麼能少得了陽光沙灘？

既然都出海了，當然要到海灘上做日光浴，這一趟旅行才算圓滿。聖托里尼島和米克諾斯島都是愛琴海的人氣度假島嶼，來看看哪一個海灘是你心目中的No.1～

@米克諾斯島

超級天堂海灘
Super Paradise Beach

天堂海灘
Paradise Beach

🚤從荷拉的巴士南站搭乘巴士，車程約6公里。從普拉迪斯亞羅斯海灘有快艇往返

這是米克諾斯最負盛名的一座海灘，連綿的沙灘上，一張張的躺椅、遮陽傘，還有一間間的酒吧，總有許許多多的遊客到此進行日光浴，尤其在午後傍晚，酒吧裡傳出節奏強烈的音樂，人們忍不住跟著跳起舞來，氣氛更加熱絡。

🚤從荷拉的巴士南站搭乘巴士，車程約7.4公里。從普拉迪斯亞羅斯海灘有快艇往返

在Paradise Beach名氣響亮、吸引眾多遊客之後，一些偏愛清靜的遊客於是另覓地點，發現了這個規模較小卻更清新的海灘。也由於地理位置僻靜，深受同志們的喜愛。

普拉迪斯亞羅斯海灘
Platys Gialos Beach

🚤從荷拉的巴士南站搭乘巴士，車程約6公里，有快艇往返天堂海灘和超級天堂海灘

位於米克諾斯南側的普拉迪斯亞羅斯海灘，是眾多高級度假飯店的所在地，林立於海灘旁的是一棟棟的飯店，飯店前的沙灘上，排放著躺椅、陽傘，更有服務生穿梭其間端送飲料茶水，如果累了，也可以當場按摩抒壓。

卡馬利海灘
Kamari Beach／Καμαρι

🔊從費拉可搭乘巴士前往，車程約10分鐘

卡馬利海灘是聖托里尼島東面最受歡迎的度假海灘，由火山爆發所遺留的黑色卵石，形成綿延的黑卵海石灘，也成為卡馬利的獨特景致。成排的Bar、餐廳，不時播放著輕快的音樂；姿態悠閒的旅客有的曬著日光浴、有的玩水，讓整個海灘散發著輕鬆愉悅的氣息。尤其在下午時分，遊客大批湧入，更顯熱鬧。

紅沙灘Red Beach／
Παραλία Κόκκινη Άμμο

🔊

注意安全！注意安全！注意安全！

因為很重要，所以要說3遍！近年來紅沙灘的山壁不時崩塌，所幸沒有造成傷亡。其實紅沙灘周圍有貼上警告標誌，飯店也被要求不鼓勵遊客前往，但還是很多人為了一睹紅沙灘的風采而冒險前往。這裡雖然景色奇特迷人，想去的人一定要再三注意腳下和周圍的安全喔！

🔊從費拉可搭乘巴士前往阿克羅提尼，車程約25分鐘

從公車總站沿著海灘一直往前走，就能看見一大片的紅色裸岩，由此俯望，放眼所及盡是紅色山壁包圍著成片的沙灘。要到紅沙灘，還得爬過這片裸岩，往下走到海邊才行，也正因為岩壁的阻絕，使紅沙灘顯得格外幽靜。這裡的沙因為富含鐵質而呈現紅色的色彩，在陽光照射下顯得格外亮眼，種種因素使得紅沙灘大受歡迎。

在伊亞可以欣賞到號稱全世界最美麗的夕陽。

西邊的火山島嶼，擁有火星表面般凹凸不一的惡地形。

教你3座藍頂教堂一次入鏡！

聖托里尼島給大家的印象就是白牆藍頂的教堂，各國遊客也不會錯過前往伊亞的這處經典打卡聖地，這個拍照點有名到在Google Map直接輸入「Blue dome photo」就可以找到，角度恰好可以一次入鏡3座藍頂教堂，如果到現場不知道哪裡是最佳取景位置，跟著長長的排隊人潮就對了，絕對不會錯過！

聖托里尼島
Santorini (Thíra)／Σαντορίνη (Θήρα)

P. 133 www.santorini.net

聖托里尼島是愛琴海上人氣和米克諾斯島並駕齊驅的旅遊勝地，但相較之下，聖托里尼島地域更廣闊、環境安靜悠閒，擁有沙灘、古蹟、白色山城等多樣貌的旅遊景點，魅力更勝米克諾斯島。

聖托里尼沿著懸崖興建的白色城市，從海上看彷彿山頂的積雪一般美麗，悠閒的氣氛、溫暖的人情味、隨處可見的創意、甜美的自家製葡萄酒…實在讓人想在聖托里尼多住幾晚；而島上也有許多隨懸崖地勢起伏而建的階梯式度假旅館，讓人長期租賃。

消失的亞特蘭提斯 The Lost Atlantis

傳說中消失的亞特蘭提斯是位於聖托里尼島阿克羅提尼城(Akrotiri)，因為火山噴發，使得整座城市遭到掩埋。因為火山灰的保護，整座城市保存得相當完整，特別的是：完全沒有發現居民的痕跡！根據預測，在阿克羅提尼遭滅頂之前，居

民就預料災難即將來臨，而提前計劃性地遷移。

整座遺跡在1967年時被發現，一直到現在仍持續進行挖掘工作。

聖托里尼

往皮瑞斯港↑
米克諾斯島

Sigalas酒莊
Domaine Sigalas

伊亞Oia

海神餐廳　Phinikia
Neptune Restaurant　Kirini Suites

葡萄酒博物館
The Wine Museum

Katikies
The Hotel

Vourvoulos

Manolas

小提拉島
Thirasia

聖托里尼島
Santorini

皮爾戈斯
Pyrgos

尼亞卡美尼島
Nea Kameni

費拉Fira

Karterados

舊港

帕利亞卡美尼島
Palea Kameni

Messaria
Vothon

新港
Athinios

Exo Gonia
Mesa Gona

Megalochon

Boutari酒莊
Boutari Winery

卡馬利海灘
Kamari Beach

Excavations

N

紅沙灘
Red Beach

Acrotiri

Perissa

古提拉遺跡
Ancient Thira

海灘
遺跡
港口
酒莊
餐廳
飯店

↓往克里特島

整座白色城市位於海岸懸崖頂端，從海上看好像山頭的殘雪。

費拉

↑ to Firostefani, Imerovigli & Oia

Agouloanno

Nomikou

天主教堂
Catholic Cathedral

Megaro Ghyzi博物館
Megaro Ghyzi Museum　　　Zafora

纜車入口　　　青年旅館Youth Hostel
Cable Car Entrance

考古博物館
Archeological
Museum　　Kastro

Erythrou Stavrou

Koneou

OTE電信局

Marinatou

Ypapantis

Bar33

Mariou

舊港
Old Port

驢子終點站　　　Villa Popi

警察局Police Station

尼可拉斯餐廳Nikolas

Danezi

Hotel Loucas

Agiou Mina

PlaTheotokopoulouteia　阿法信用銀行&美國運通
Alpha Credit Bank ATM
& American Express

國家銀行
National Bank of
Greece & ATM

東正教大聖堂
Orthodox Metropolitan
Cathedral

Mit Opoloos

公車站
Bus Station

史前費拉博物館
Museum of Prehistoric Thira

醫院
Hospital

郵局
Post Office

博物館	醫院	飯店
警察局	餐廳	郵局
巴士站	銀行	教堂

費拉舊港
Fira (Firá) Old Port／Φηρά Παλιό Λιμάνι

費拉是聖托里尼島的首邑，酒吧、餐廳、商店都集中於此，是整個島上最熱鬧的城鎮，散步其間，還可發現不少裝飾精巧的可愛房舍。在纜車啟用前，從舊港口至費拉唯一的通道，就是這條以石板砌成的階梯步道，全程約有600階，你可以用自己的雙腳走完這條路，或者選擇騎坐驢子。

🚌從阿提尼歐斯港口或機場均可搭乘巴士前往費拉。費拉的巴士總站位於鬧區附近，從巴士總站步行約10分鐘可達舊港階梯步道的上端。　💶阿提尼歐斯港口巴士單程€2.5，車程約25分鐘；機場巴士單程€1.8，車程約10分鐘，班次皆偏少。
巴士總站　☎22860-25404　🌐ktel-santorini.gr

聖托里尼島的驢子計程車
為了方便運送貨物，當地居民習慣以驢子負載重物甚至代步。對觀光客來說，騎乘驢子則是一種有趣的體驗，大約15分鐘的路程，坐在驢背上隨著驢子的步伐而搖搖晃晃，充滿了刺激。
在眾多觀光客惠顧之下，這條驢來驢往的道路不可避免的佈滿了驢子便便，在地中海豔陽照射下，臭味更是逼人～如果想要一邊呼吸清新空氣一邊享受騎乘驢子拾階而上的樂趣，建議最好一大早就來，因為此時還沒有那麼多驢子經過，當然便便也就少了！

Did YOU KnoW

別讓驢子累壞了喔！

為了避免可愛的驢子們血汗工作，希臘政府於2018年10月下令，體重超過一百公斤的遊客禁止騎驢，所以想體驗坐驢子前記得先秤一下自己的體重喔！

纜車Cable Car

位於費拉鎮中心北端的纜車站，是通往舊港口最主要的管道。纜車沿著陡峭的崖壁而建，從費拉到港口，短短3分鐘，300公尺的海拔落差，透過纜車的窗子可以感受陡降的過程及景觀的變化。

🚌從巴士總站步行約12分鐘可達　🕐06:30、06:45以及07:00~21:00，每20分鐘一班；冬季班次減少，中午休息，每30分一班，並且提早結束　💶單程全票€10、優待票€5；行李需加€5　🌐scc.gr　❗營運時間隨月份變動，最新時刻表請上網查詢

廣場前可以眺望愛琴海及尼亞卡美尼(Nea Kameni)、提拉西亞(Thirasia)兩座火山島，也是等待夕陽的好地方。

 東正教大聖堂
Orthodox Metropolitan Cathedral

這座純白色的教堂建於1827年，外觀成排的拱廊頗具摩爾風，內部裝潢得金碧輝煌，壁畫、從屋頂垂掛下來的大型吊燈等，將整座教堂妝點得氣派華麗。這裡也是當地人舉行婚禮的主要場所。

🚶從巴士總站步行約5分鐘可達

Did YOU KnoW

難怪大家都想來這裡結婚～

通常在進入教堂舉行儀式之前，新郎、新娘和神父會繞行街道一圈，接受眾人的祝福，隊伍由最前方的手風琴、小提琴、吉他等樂師帶領，新人後面則跟著雙方的家屬親戚，一長排浩浩蕩蕩的隊伍熱鬧遊街之後，才走進教堂。在藍天、白屋的背景襯托下，聖托里尼的婚禮顯得非常浪漫。

 天主教堂
St. John the Baptist Cathedral

位於纜車站後方的這座天主教堂，以施洗者聖約翰(St. John the Baptist)為名，是當地教徒的信仰中心，隨時對外開放。每週日10:00是望彌撒時間。這座巴洛克式教堂，亮眼的色彩和華麗的鐘塔，遠遠就吸引人們的目光。它在1956年的一場大地震中有受損，但很快又修建完成。

🚶從巴士總站步行約15分鐘可達

☎22860-25360

🎯 火山島地質之旅Volcano Tour

聖托里尼島上各旅行社都可報名遊覽火山島的行程，半日遊先從舊港乘船至尼亞卡美尼島(Nea Kameni)，然後登島近距離欣賞活火山地質景觀。這座島是海底火山的頂端，上一次噴發在1950年。岩漿不斷噴出、堆積、噴出、堆積，形成這塊愛琴海上最年輕的土地。

返回船上，再前往距離不遠的帕拉亞卡美尼島(Palea Kameni)，它在尼亞卡美尼火山第3次噴發時即已大致成型。這個島不上岸，參觀重點是周圍的溫泉，喜歡游泳的人別忘了帶上泳衣。

🔗可向飯店或各旅行社報名行程，然後依照約定時間自行到舊港等候登船出發 🕐依旅行社及淡、旺季而有不同選擇，基本的火山行程自上午出發，約需3小時，每人約€25，包括參觀火山並在海底溫泉游泳，記得自備泳衣 🌐www.mysantorini.com ❶火山門票€5(不包含在行程裡)

周圍的海水因為地熱而冒出海底溫泉，讓人想從船上躍入海中游個痛快。

開闢好的步道上，可看到4、5處火山口，有些可看到地熱在隱約蒸騰。

由於居高臨下，從古提拉遺跡可以盡覽卡馬利海灘以及鄰近村落的全景。

由殘存的地基對照文字說明，想像昔日的樣貌，諸如神殿、民宅、市集、浴池、戲院等，可見當時這個聚落的繁華盛況。

©flickr Klearchos Kapoutsis

🏛 古提拉遺跡Ancient Thira／Αρχαία Θήρα

位於卡馬利海灘上方約370公尺高的山頭，1960年代由德國考古學家所發掘的古提拉遺跡，見證了聖托里尼曾有的輝煌過往。早在9世紀時，多利安人(Dorians)在此定居，此後古提拉歷經希臘、羅馬和拜占庭等帝國的統治，以及火山爆發，目前仍留下不少遺跡，足見其在考古上的重要地位。

🔗可先從費拉搭巴士抵達卡馬利海灘，再向沙灘附近的旅行社報名搭乘迷你巴士前往；從卡馬利海灘步行爬山約需1小時左右 🕐卡馬利海灘背面的山丘上 ☎22860-25405 🕐08:30~15:30，依季節有所不同，出發前請先上網確認 ⚠週三、1/1、3/25、5/1、12/25~26、復活節週日 💶全票€6、優待票€3 🌐odysseus.culture.gr/h/3/eh351.jsp?obj_id=2454

🎯 伊亞
Oia (Oía)／Οία

伊亞最著名的，就是它的落日海景，號稱擁有全世界最美的夕陽，每到黃昏時分，大批遊客湧進伊亞小鎮，全是為了「日落愛琴海」的美麗景致而來。在這裡捕捉到的鏡頭，往往成了希臘的代表畫面。

🔗從費拉可搭乘巴士前往，車程約20分鐘。下車後，再朝著青年旅館看板的方向走，即可進入繁華的行人徒步區。不過前來看夕陽的遊客非常多，再加上沒有排隊的引導，而且車班有限，要擠上看完夕陽後的回程巴士要有心理準備

伊亞是個悠閒的小鎮，一幢幢穿鑿岩壁而成的岩洞小屋，依傍著山勢層疊分布。

聖托里尼的葡萄酒

聖托里尼島是希臘著名的葡萄酒產區，由於火山土壤能幫助涵養水分，提供葡萄充足的養分，再加上適中的溫度，這裡葡萄生長良好且甜度高，也成為島上的主要作物。而所有葡萄酒中，以甜度極高的琥珀色Vin Santo最為知名，適合於餐後搭配甜點或起司，而島上也有酒莊對外開放參觀與品酒。

從遠處望去，只見一叢叢綠色的葡萄葉，成為此地特殊的景觀。

這裡與法國等一般酒鄉的葡萄園不同，而是以葡萄藤編成籃子，讓葡萄在籃子的保護下得以保持其濕度。

tips 由於聖托里尼島上不使用地址，自己找路相當辛苦，不妨乾脆參加旅行社包裝的品酒之旅，一次可以拜訪好幾個酒莊，方便省事。

Boutari 酒莊
Boutari Winery

從費拉開車約15分鐘可達
22860-81011　10:00~18:00
www.boutari.gr

Boutari是聖托里尼島上頗具規模的大酒莊，成立於1988年，也是第一個現代酒莊，為了推廣聖托里尼的葡萄酒，Boutari以一座圓頂建物當作多媒體廳，透過15分鐘的影片介紹，幫助遊客認識這裡的各種特色佳釀。

Boutari在全國共有5家酒莊，在聖托里尼島上的這家位於Pyrgos附近的小村莊Megalochori，該酒商也是數一數二的葡萄酒出口商，在全世界25個國家中都能買到Boutari的葡萄酒。

Sigalas酒莊
Domaine Sigalas

從費拉開車約15分鐘可達
22860-71644　4~10月
11:00~20:00、11~3月11:00~18:00，
部分月份開放時間不同，出發前請上
網確認　sigalas-wine.com

1991年成立的Sigalas酒莊，位於伊亞下方的Baxedes地區中的一座小村落裡，老闆不僅致力於傳統釀酒方式的維繫，同時也有不少創新的構想，像是從事有機葡萄的種植，甚至還實驗性地發展將葡萄架高的種植方式，都讓Sigalas這個小酒廠獲得不少佳評，其所生產的Santorini也在國際上屢次獲獎。

葡萄酒博物館
The Wine Museum

從費拉可搭往卡馬利海灘的巴士，中途在Koutsoyannopoulos站下車，車程約8分鐘　Koutsogiannopoulos, Vothonas　22860-31322　09:00~19:00(11~3月至17:00)　每人€25起，含語音導覽與葡萄酒試飲　kwm.gr

位在從費拉往卡馬利海灘的必經途中的葡萄酒博物館，隸屬於由Koutsoyannopoulos家族經營的Volcan Wines酒莊，由酒莊獨資經營，興建歷時21年才完成，家族釀酒史已傳承至第四代，裡面循序展示著聖托里尼從1660年開始釀酒，早期葡萄種植者的生活方式、釀造葡萄酒的器械與過程、到今天的釀酒過程的歷史演變。

這個博物館建於深約8公尺的天然地下洞穴之中，長達300公尺。

這些所展出的工具、容器、機械等，都是家族真實使用過的珍藏。

第一代Koutsoyannopoulos的辦公室。

開　車　不　喝　酒　，　安　全　有　保　障

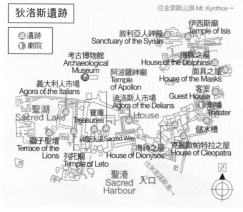

狄洛斯遺跡

往金索斯山頂 Mt. Kynthos→

- 🏛 遺跡
- ⬤ 劇院

伊西斯神廟
Temple of Isis

敘利亞人神殿
Sanctuary of the Syrian

海豚之屋
House of the Dolphins

考古博物館
Archaeological Museum

面具之屋
House of the Masks

阿波羅神廟
Temple of Apollon

義大利人市場
Agora of the Italians

客室
Guest House

迪洛斯人市場
Agora of the Delians

劇場
Theater

House

聖湖
Sacred Lake

寶庫
Treasuries

儲水槽

獅子聖壇
Terrace of the Lions

神聖大道 Sacred Way

克麗歐帕特拉之屋
House of Cleopatra

列托廟
Temple of Leto

海神之屋
House of Dionysos

聖港
Sacred Harbour

入口

N

🔸P. 133　🔹www.delostours.gr

狄洛斯島
Delos／Δήλος

　　大約在西元前540年，雅典人掌管愛琴海上的霸權，狄洛斯島成為一個不可褻瀆的聖地。雅典人不但在島上建立起阿波羅神廟，還將位於神廟前方視野所及之地的墳墓遷移，並且強制驅逐狄洛斯人，理由是為了淨化聖地。一直到羅馬在愛琴海上的勢力超過雅典人之後，狄洛斯島才得以解放，轉而成為海上的自由貿易中心，義大利、埃及、中亞等地的商隊都曾在這座島嶼上留下足跡。

阿波羅神的誕生

太陽神阿羅與月亮女神阿特米斯(Artemis)這一對雙胞胎，是宙斯與外遇對象列托(Leto)所生的孩子，正是因為如此不正常的關係，讓阿波羅兄妹的出生與狄洛斯島息息相關。

　　列托在生下阿波羅兄妹之前，就有預言說她的孩子會擁有超越眾神的才能與美貌，而就在列托發現自己懷了宙斯的孩子正感到欣喜的時候，善妒的赫拉知道了這個消息而大怒，下令不准有任何一塊土地讓列托產下她的孩子！

　　宙斯知道這件事後，就從海底提起一塊漂島，將它固定在海面上，作為列托生孩子的地方，也就是今日的狄洛斯島，島上橢圓形的聖湖，據說就是阿波羅和阿特米斯出生的地方。

古狄洛斯遺跡 Remains of Ancient Delos

儘管如今只剩下斷垣殘壁，然而古狄洛斯遺跡依舊見證著這座位於米克諾斯島西方不過幾公里的小島，曾經盛極一時的面貌。古狄洛斯位於該島的西面海岸平地上，往南朝金索斯山延伸，由於是一處聖地，因此除了阿波羅誕生的聖湖外，還包括赫拉、Isis、戴奧尼索斯等希臘神祇的神廟，以及裝飾著美麗馬賽克鑲嵌的酒神之屋和海豚之屋等等，相當值得一探。

就位於碼頭附近，可以步行的方式參觀 6972-230073 4~10月08:00~19:00、11~3月08:00~16:00，依月份開放時間略有不同 全票€8、優待票€4 odysseus.culture.gr/h/3/eh351.jsp?obj_id=2371 3/6、4/18、5/18、10/28、9月最後一個週末、11~3月第一個週日免費

◎阿波羅聖域 Sanctuary of Apollo

從入口往西邊走，是一大片阿波羅聖域的遺跡，有阿波羅神廟、納克索斯人神殿、雅典人神殿、酒神廟等等，傳說中的狄洛斯金庫也位於這一片遺跡當中。雅典人統治愛琴海霸權時期，建議愛琴海各島嶼捐獻金錢建造神殿，並提議將錢存放在狄洛斯島的金庫當中，可惜雅典人最後將金庫移往雅典，並將所有錢花在雅典衛城的興建上。

兩個巨大男性性器官像是酒神廟的入口處。

©wikimedia Zde

◎獅子像 Terrace of the Lions

狄洛斯島最著名的地標就是5隻張大嘴的獅子像，這些外層包著大理石的獅子像，推斷是在西元前7世紀由納克索斯人(Naxians)建造的，原先應該至少有16頭，坐落於狄洛斯島的主要道路旁，突顯阿波羅聖地的威嚴。

威尼斯舊船廠(Arsenale di Venezia)有一頭獅子像就是從狄洛斯島搬運過去的，獅子頭部是後來再銜接上去的。

©wikimedia G.dallorto

©wikimedia Bernard Gagnon

©wikimedia Olaf Tausch

◎考古博物館Archaeological Museum

館內展出各種雕像、壁畫、馬賽克鑲嵌畫、珠寶金飾等，都是從島上各遺跡中收集而來的。有趣的是，從這些展覽品中可以看出各地的風格，包括邁錫尼文明的象牙雕刻品、雅典人像、羅馬大理石像等。

©flickr

附近的面具之屋（House of the Masks），也有非常精采的馬賽克鑲嵌畫值得欣賞。

海豚之屋的中庭有內外兩層石柱，四周是以石塊砌成的牆壁。

院子的地板上還殘留美麗的馬賽克圖樣，上面是騎在老虎上的酒神。

◎酒神之屋House of Dionysos

從入口往東走，在前往劇場的路上，有許多裝飾華麗的房舍，這些建築是昔日有錢人的住宅，大部分為單層結構，比較大一點的才有兩層以上，建材以石塊為主，也有以磚砌起構成的建築，牆壁塗上一層石灰，有些還會漆上鮮豔的色彩。

◎海豚之屋House of the Dolphins

經過劇場之後，沿著道路往金索斯山的方向前進，還有一群室內裝飾保持完整的建築，其中保存最好的就是海豚之屋。如今所有房舍的名稱，其實都源自於建築的裝飾圖案或雕像，而它們原本的功能大部分是有錢人的住宅或商店，以海豚之屋為例，就是因為在一進門的庭院地板上，有非常美麗的海豚馬賽克圖案而得名。

©wikimedia Olaf Tausch

劇場前方有仍然穩固完整的地下水槽，可以看出狄洛斯很早就已經擁有優良的儲水、水管系統工程。

◎劇場Theater

這座劇場依山勢而建，疊起層層的座位，建造時間推測為西元前3世紀左右。座位面向西方的海洋，可以想像從前夜間看戲之前，還能先觀賞夕陽西沉的美景，劇場的後方有一些格局比較小的房間，推測當作客房使用。

◎金索斯山頂Mount Kýnthos

金索斯山是狄洛斯島上最高的一座山，海拔110公尺，爬到山頂約30分鐘，山頂視野極佳，可以眺望整座古狄洛斯遺跡和遠處的米克諾斯島。

納克索斯島

愛琴海
Aegean Sea

Apollonas ●

● Mesi

● Koronida

阿波羅神殿
⊙ Temple of Apollo

荷拉Chora ●

● 艾皮朗塞斯
Apiranthos

✛

● Kastraki

阿基亞斯索灣
Agiassou Bay

⊙景點 🏛博物館 ✈機場

納克索斯島
Naxos (Náxos)／Νάξος

⏱ P. 133 🌐 www.naxos.gr

　　納克索斯島是西克拉德斯群島中面積最大的島嶼，面積約429平方公里、形狀就像個馬鈴薯的納克索斯，島上最主要的農作是馬鈴薯，肥沃的土壤，也滋養生長著橄欖、櫻桃、香櫞、無花果與葡萄…這裡大多還維持著以農漁為業的傳統生活風貌，悠閒沉靜的氣氛也吸引了一些想遠離喧囂的旅人來訪，英國詩人拜倫就曾稱此地為「夢幻之島」(Dream Island)。

納克索斯島道地烈酒「Kitron」！

Kitron是以島上特產的香櫞(Citron)蒸餾而成，香櫞跟檸檬類似但香氣更勝，製造出此種帶有獨特檸香的水果酒，可單喝也可作為雞尾酒調味。
目前納克索斯島上還有兩間至今沿用傳統手法釀酒的百年酒廠，分別是Vallindras及Promponas，其中Vallindras設有博物館開放給遊客參觀及試酒，而Promponas在市區則有門市專賣店可供遊客選購。

教你分辨Kitron，別喝醉了喔～

綠色：酒精濃度最低且味道最甜
黃色：所有Kitron中最烈的
透明：酒精濃度和甜度適中 (給第一次喝的人)

開車不喝酒，安全有保障

納克索斯的神話

在希臘神話中，雅典王子泰修斯(Theseus)在克里特島殺死了迷宮怪物後，就帶著克里特公主阿莉雅德(Ariadne)乘船返回雅典，但在途經納克索斯時，泰修斯將阿莉雅德留在島上，獨自一人返回雅典。悲傷的阿莉雅德後來遇見了到納克索斯教人民釀酒的酒神戴奧尼索斯(Dionysos)，兩人結婚。直到今日，納克索斯都還有酒神祭的慶典。

納克索斯荷拉市區

阿波羅神殿
Temple of Apollo

全景飯店
Panorama Hotel

Meze Meze
Tavern-Ouzerie

舊城區

N

🏨 飯店 🍴 餐廳 ◎ 景點 🏛 博物館

雄踞高處的舊城堡(Kástro)，是薩努度(Sanudo)家族1207年定都納克索斯的時候興建的。

荷拉舊城Old Town of Chora

在希臘語裡，「荷拉(Χώρα)」就是「村落」的意思，所以米克諾斯人口最多的地方也叫「荷拉」，而Hora和Chora的發音其實相同，為了方便外國人區別，納克索斯多半採用Chora，一般也稱為納克索斯鎮(Náxos Town)。彎彎曲曲的巷弄、拱形的廊道，每個拐彎就有新的視覺樂趣：瞪大眼睛對著你瞧的貓咪、妝點得繽紛精巧的小花圃、幽暗的拱廊通道、特色咖啡店…風情萬千且各異其趣。

納克索斯島的渡輪碼頭正位於荷拉，步行約5分鐘即可抵達舊城入口

愛琴海島嶼：西克拉德斯群島

151

👁 阿波羅神殿Temple of Apollo

西元前552年，萊格達米斯(Lygdamis)下令建造一座全國最大的神殿，獻給阿波羅，神殿的方向也就正對著太陽神誕生的狄洛斯島，而神殿規模則有59公尺長、28公尺寬，並擁有成排對稱的柱廊。不過，隨著萊格達米斯政權的衰落，這座神殿也遲遲無法完工，如今成為了納克索斯的地標。

🚢從渡輪碼頭步行約5分鐘 🕐24小時 💲免費

每至黃昏時分，有不少旅人在這裡等待夕陽落下、鑲嵌在大理石門中的獨特畫面。

僅存孤獨屹立的石門與散落的大理石基，見證萊格達米斯的勃勃野心。

位居山間的艾皮朗塞斯，屋舍用金剛砂石塊砌成的，以石板小徑，階梯串連其間。

©wikimedia Yiannis.Z

👁 艾皮朗塞斯Apiranthos／Απείρανθο

納克索斯全島共有41座大小村鎮，其中最具風情的，就屬艾皮朗塞斯。

從荷拉搭車抵達艾皮朗塞斯，巴士站沿著白色教堂的後方，即村落所在。轉角處的樹蔭下，幾張桌椅，是當地老人家聚會處，早晨點一杯希臘咖啡，閒話家常。

沿大理石階往上走，一間間屋舍依坡層疊而建，其中間或有早期的石頭，留有石砌的拱廊，白髮老翁拄著拐杖緩行而過，有時還有小販帶著小毛驢，馱著貨物沿街叫賣。

🚌巴士站位於碼頭旁的廣場上，有班車前往艾皮朗塞斯，車程約1小時，但班次不多，可先查看辦公室門口公布的巴士班次表 📍納克索斯島東側

一邊欣賞美麗的愛琴海海景，
一邊品嚐海鮮料理或是當地傳統料理～

米克諾斯島

Kastro's Restaurant-Bar

法式酒吧餐廳

must eat!
米克諾斯
起司春捲
€18
推薦菜

Kastro's緊靠著海岸而建，內部裝潢簡潔、高雅。

🏠 1 Ag. Anargiron, Little Venice (帕拉波爾提亞尼教堂旁)

Kastro's是小威尼斯最北端的一家法式餐廳兼酒吧，也是當地相當知名的同志酒吧，工作人員包括廚師、服務生等清一色都是男性。價格雖然比附近相鄰的餐廳略高些，但是烹調相當精緻，口味頗受讚賞，可說物超所值。

🔺P.136　🚶從曼托廣場步行前往約8分鐘　☎22890-23072　🕐10:00~01:00
❄冬季休業　🌐www.kastrosmykonos.com

如果黃昏時分坐在窗邊，便有機會捕捉到米克諾斯島上最美的落日。

聖托里尼島

海神餐廳
Neptune Restaurant

傳統希臘料理

must eat!
海鮮義大利麵
€29
招牌慕沙卡 €18
推薦菜

🏠 伊亞主廣場附近

這家餐廳就坐落於主廣場旁，相當顯眼，也佔據很棒的地理位置，而餐廳位於2樓，可以廣闊的視野俯瞰伊亞的濱海美景。Neptune Restaurant從1956年創業至今，歷史相當悠久，主要以提供海鮮、希臘傳統料理為主，服務與價格皆合宜。

🔺P.142　🚶從伊亞主廣場步行1分鐘即達　☎22860-71294　🕐11:00~23:00
kingneptune-restaurant.gr

沒喝上一瓶「驢子啤酒」就落伍了！

各式各樣的小型啤酒廠在希臘很盛行，在聖托里尼中部地區也有間特色啤酒廠——聖托里尼啤酒廠(Santorini Brewing Company)，生產的驢子啤酒只有在島上才喝得到，雖然有許多不同口味，但在餐廳中比較常見的是yellow donkey和red donkey，crazy donkey和white donkey則較為少見，驢子啤酒雖然是島上特產卻不是每間餐廳都找的到，看到千萬別忘了買一瓶試試！如果真的找不到也別灰心，島上商店還有販賣各式有關驢子啤酒的紀念品，不妨買件印著「crazy donkey」的T恤過過癮吧！

Santorini Brewing Company
Ζυθοποιΐα Σαντορινησ
🏠Mesa Gonia Santorini isl Greece
☎22860-30268　🕐夏季週一~週五12:00~17:00
🌐www.santorinibrewingcompany.gr

開 車 不 喝 酒 ， 安 全 有 保 障

聖托里尼島

Zafora
超讚海景café

生啤酒
€4.5
推薦菜

🏠│巴士總站附近

這家Zafora咖啡廳兼餐廳，地址就直接寫「纜車站旁」，兩層樓的寬敞空間，即使是室內座位，也可以透過大片玻璃窗盡情欣賞纜車上上下下、兩座火山島與愛琴海交織的美景。Zafora主要是以景觀取勝，餐點口味普通，也可以只點飲料。

📖P.143　🚶從巴士總站步行約12分鐘可達　☎22860-23203　🕐08:00~23:00

納克索斯島

Meze Meze Tavern-Ouzerie
希臘style海鮮料理

烤中卷
€20
推薦菜

🏠│Protopapadaki, Naxos Chora

濱海道路Protopapadaki無疑是納克索斯島上最熱鬧的地方，想找飯店、餐廳、紀念品店，到這裡來準沒錯。

「Meze」這個字源自土耳其語，是「津津有味」的意思，在地中海這一帶也衍生有「開胃菜」的用法；這裡主要提供西克拉德斯群島當地的海鮮料理，無論口味、服務和價格都很合宜，尤其戶外座位區是欣賞海景的好地方，值得一試。

📖P.151　🚶從渡輪碼頭步行約8分鐘　☎22850-26401　🕐12:00~24:00

你是因為《希臘左巴》到克里特島，
還是為了克諾索斯遺跡而來克里特島呢？

造訪克里特島理由

1 米諾斯文明的發源地

2 希臘最大的島嶼

3 威尼斯時期建築

NIKOS
KAZANTZAKIS

這裡也是希臘著名作家Nikos Kazantzakis的出生地，《希臘左巴》(Zorba the Greek)是他的代表作。

愛琴海島嶼：克里特島

©flickr George M Groutas

MAP
P.124

克里特島
Crete／Κρήτη

面積廣達8,300平方公里的克里特島，是希臘最大的島嶼，也是歐洲最古老文化米諾斯文明的發源地。伊拉克里翁是克里特島的商業中心，號稱是全希臘最富有的都市。僅次於它的是哈尼亞，保存了很多威尼斯式建築；而雷西姆農位於兩大城之間陸上交通的中間點，充滿了濱海小鎮的閒適風情。

Nikos Kazantzakis小檔案
生卒年：18/02/1883～26/10/1957
代表作：《希臘左巴》(1946年)、《基督的最後誘惑》(1954年)、《奧德賽：現代續篇》(1938年)
墓誌銘：我一無所求，我一無所懼，我是自由的。(Δεν ελπίζω τίποτα. Δε φοβούμαι τίποτα. Είμαι λέφτερος.)

克里特島

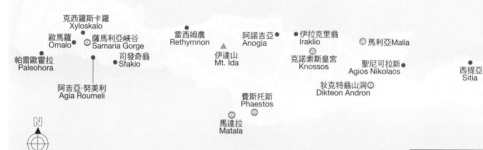

哈尼亞Chania

克西羅斯卡羅
Xyloskalo

歐馬羅　薩馬利亞峽谷
Omalo　Samaria Gorge

帕雷歐霍拉
Paleohora

司發奇翁
Sfakio

阿吉亞·努美利
Agia Roumeli

雷西姆農
Rethymnon

伊達山
Mt. Ida

阿諾吉亞
Anogia

伊拉克里翁
Iraklio

克諾索斯皇宮
Knossos

馬利亞Malia

聖尼可拉斯
Agios Nikolaos

狄克特翁山洞
Dikteon Andron

西提亞
Sitia

費斯托斯
Phaestos

馬達拉
Matala

N

⊙景點 ㊣遺跡 ▲山

薩馬利亞峽谷縱走

薩馬利亞峽谷(Samaria Gorge)狹窄而高聳的地形，長度綿延了18公里，峽谷中間通行的路徑寬度從最窄的3公尺到最寬的150公尺，而兩旁的山壁卻高達500公尺。距離峽谷入口處約6公里處是荒廢的薩馬利亞村，再繼續往前走到標示12公里處的「鐵門」(Iron Gate)，寬度大約只有3.5公尺，非常壯觀！通常峽谷健行之旅到此結束。

哈尼亞當地有許多旅行社推出當天往返薩馬利亞峽谷的行程，你可以選擇到薩馬利亞村折返、較輕鬆的半日遊，或是直達鐵門、較艱困的一日遊行程。

走在峽谷中間抬頭看，就是所謂的一線天景觀！

薩馬利亞列為國家公園之後，居民全部被遷出，只留下荒廢的村落。

Did YOU KnoW

宙斯變成一頭牛只為誘拐情人？！

在希臘神話中，眾神之王宙斯某天對腓尼基公主歐羅巴(Europa)一見鍾情，為了避免被赫拉發現，便化身為一頭雪白色公牛接近歐羅巴，當這位美麗的公主卸下心房騎上牛背後，公牛狂奔載著Europa游過愛琴海來到克里特島，宙斯才表明其身份。歐羅巴後來生下了克里特島的第一位國王——米諾斯。

希臘的2塊歐元硬幣背面正是以此故事為圖案。

威尼斯港(Venetian Port)階梯旁不時會有販賣現撈海綿的小販，這裡的海綿根據種類跟重量計價，越大當然就越貴，這種純天然的海綿可是擄獲不少遊人的心呢！

飛機

克里特島有兩座國際機場，主機場位於伊拉克里翁，在哈尼亞則有一座較小的機場。從雅典飛往兩座機場均需50分鐘，前往伊拉克里翁的班機較多。

機場往返市區交通

伊拉克里翁機場位於市區東方約4公里處，可搭乘1號巴士前往市區，車程約20分鐘。另外也可在機場外搭乘計程車，計程車約需€16。

哈尼亞機場距離市區約14公里，可搭巴士€2.5或計程車€30進市區。

渡輪

從雅典的皮瑞斯每天都有渡輪前往克里特島，無論是前往伊拉克里翁或哈尼亞的船，航程均需9小時。而聖托里尼每天也有約3班渡輪前往伊拉克里翁，船程1.5~3小時，速度愈快，船資也愈高。

港口往返市區交通

伊拉克里翁的港口位於市中心鬧區的東北方，距離約1.5公里，可以步行方式前往，或搭乘計程車。

至於皮瑞斯前往哈尼亞的渡輪，抵達距離市區約7公里的Souda港，可搭乘巴士前往哈尼亞，車程約15分鐘。

島內長途巴士

克里特島上人口主要集中在北岸，由於島上沒有火車，陸上交通相當倚賴長途巴士(KTEL)。從西到東4大主要城市(哈尼亞、雷西姆農、伊拉克里翁、聖尼可拉斯)之間，每天都有密集的班次往返，然後從這4大城市又有其它支線巴士往返一些鄰近的小村鎮。

巴士站往返市區交通

◎伊拉克里翁有兩個長途巴士站：往返哈尼亞、雷西姆農、聖尼可拉斯(Agios Nikolaos)等地的巴士停靠在A巴士總站，位於港口對面，距離鬧區約1.5公里，步行10~15分鐘可達；往返Anogia、費斯托(Phesto)等小城的巴士停靠在B巴士總站，距離鬧區較遠，步行約20分鐘可至。

A巴士總站
🚏 Efessou 63, Iraklio
☎ 28102-45020
🌐 www.ktelherlas.gr

B巴士總站
🚏 13, Machis Kritis 7, Iraklio
☎ 28102-55965
🌐 www.ktelherlas.gr

◎雷西姆農的長途巴士站位於市中心鬧區的西方。
🚏 Kefalogiannidon str. Rethymno
☎ 28310-22212
🌐 e-ktel.com

◎哈尼亞的長途巴士站位於市中心鬧區的南方，步行約5~10分鐘可達。
🚏 Kidonias & Parth. Kelaidi Chania
☎ 28210-93052
🌐 e-ktel.com

Raki(或Tsikoudia)被稱為克里特國酒，它是將釀過葡萄酒後的殘渣再行蒸餾而成，所以比普通葡萄酒酒精濃度更高，大約在40~60度。

Anogia位於伊拉克里翁以西約60公里，以手工編織地毯、蕾絲工藝品最為有名。從伊拉克里翁西邊的B巴士總站搭巴士前往，出發前最好先確認回程公車時間，以免錯過就回不來了。

至少預留時間
就是來度假
克里特島這麼大，多待幾晚慢慢玩

必看重點

克里特島的歷史可追溯至新石器時代，又分別在米諾安文明、拜占庭、威尼斯等時期發光發熱。

伊拉克里翁

Ⓗ飯店 ✈機場 ●景點 ⋔博物館 ⓑ巴士站 ✝教堂
⋔餐廳 ●廣場 ⚓碼頭 ⛫城堡 Ⓗ飯店 ●政府機關

庫勒斯要塞
Koules Fortress

威尼斯港
Venetian Port

伊拉克里翁港
Iraklion Harbour

A Little Wine
A Little Sea

克里特歷史博物館
Historical Museum of Crete

Ⓐ巴士總站

Veneto1860

威尼斯廣場
Plat Venizelou

聖提多斯教堂
Agios Titos

往機場→

獅子廣場
Lions Square

市政廳
Town Hall

莫若西尼噴泉
Morosini Fountain

聖馬可斯教堂
Agios Markos

伊拉克里翁考古博物館
Heraklion Archeological Museum

1866市場

Dedalou
Dikeosinis

Ⓑ巴士總站

聖米納斯教堂
Agios Minas

N

艾拉弗瑟瑞亞廣場
Plateia

Hotel Athinaikon Ⓗ

伊拉克里翁
Iraklion (Iráklion)／Ηράκλειον

ⒶP. 156　🌐www.heraklion.gr

　　伊拉克里翁，有時候也寫成「Heraklion」，是克里特島的首邑，它最著名的景點，就是位於5公里外的克諾索斯宮殿遺跡，裡頭傳說囚禁牛頭人身怪物米諾特(Minotaur)的大迷宮，曾經出現於世界七大奇蹟的記載中，直到1990年時，才因英國考古學家亞瑟·伊文斯(Sir Arthur Evans)的發現，得以解開這個史前古希臘文明之謎。

克諾索斯宮殿遺跡出土的文物都收藏在伊拉克里翁的考古博物館裡。

走一趟1866街，更能體會到克里特島人日常的真實生活。

愛琴海島嶼∶克里特島

158

要塞17世紀後期被土耳其人攻下，所以庫勒斯是它的土耳其名。

©flickr Andrew and Annemarie

庫勒斯要塞Koules Fortress

建於13世紀末的庫勒斯要塞，當時統治北地中海域的威尼斯人有鑑於這個地點戰略位置重要，所以在當時的伊拉克里翁港口建了一座堡壘與城牆。之後幾經地震、人為拆除、重建，現在所看到的建築是1523年存在至今，厚達9公尺的外牆、3公尺的內牆則於1540年前逐步修築完成，也成為這個城市最顯著的象徵性地標。

🚶從A巴士總站步行前往約11分鐘　📞2810-243559　🕐08:30~15:30，夏季較晚關閉
🚫週二、1/1、3/25、12/25~26　💰全票€4、半票€2　🌐koules.efah.gr

入口上方都有聖馬可翼獅的大理石浮雕，為威尼斯威權的標幟。

©wikimedia Cedric Labrousse

整座堡壘共26間廳室，樓下是儲藏室和關押犯人的地方。

🦁 獅子廣場Lions Square

獅子廣場可說是伊拉克里翁最熱鬧的地區，面對著同樣由莫若西尼所設計興建的市政廳，向北通往威尼斯要塞、向南可達1866街，四周咖啡廳、餐廳、商店林立，還有一條Dedalou精品購物街，觀光客所需的一切，幾乎都可在附近找到。

🚌從A巴士總站步行前往約10分鐘 🚇Eleftheriou Venizelou

建於10世紀的聖提托斯教堂(St. Titos)就在獅子廣場附近。

Did YOU KnoW

獅子不會游泳
怎麼會成為噴泉主角？

通常噴泉雕塑都以神話人物或是海中生物如海豚等作為裝飾，但這座噴泉其實是威尼斯共和國統治時期重要的水利設施，工程師們特地將遠在15公里外乾淨的山泉引進城市中，於此噴泉處提供給市民使用，為強調統治者高超的水利技術及宣揚國威，故將威尼斯共和國的國徽——獅子當作這座噴泉的主要角色。

這麼長的名字誰記得住？難怪叫「獅子廣場」～這個廣場正式的名稱其實是Eleftheriou Venizelou，是一位希臘總理的姓名，但因為廣場上的莫若西尼噴水池(Morosini Fountain)頗享盛名，這座噴水池是在1629年由威尼斯的名設計師莫若西尼(Francesco Morosini)所建的，而扛著噴泉的獅子更是14世紀的石雕作品，所以被理所當然地喚作獅子廣場。

伊拉克里翁考古博物館
Heraklion Archeological Museum

克諾索斯宮殿遺跡大量出土的文物，不但證實了米諾安文明的存在，也讓大迷宮的傳說增添了幾分真實性。如今，大部分保存完好的古文物、壁畫都收藏在這裡，館內分二十幾個展示室，象形文字陶板、公牛頭酒器、持蛇女神像以及黃金蜜蜂垂飾，都是博物館不可錯過的珍寶。同時參觀兩個地方，才能對克里特島上，影響愛琴海發展的米諾安文明有更深的認識。

📍從A巴士總站步行前往約10分鐘　🚇Xanthoudidou & Hatzidaki str.,1(位於艾拉弗瑟瑞亞廣場北面)　☎2810-279000　🕐4~10月08:00~20:00(週三13:00起)，11~3月週四至週二08:00~15:30、週三10:00~17:00　🚫1/1、3/25、5/1、12/25~26日、復活節　💲全票€12(11~3月€6)、半票€6；含克諾索斯皇宮套票€20，線上購票請至www.etickets.tap.gr　🌐heraklionmuseum.gr　🎫3/6、4/18、5/18、10/28、9月最後一個週末、11~3月第一個週日免費

◎公牛頭酒器
Bull's Head Rhyton

這尊公牛頭酒器由20公分高的黑色石頭雕刻而成，兩隻牛角以黃金打造，形成一個很漂亮的彎曲弧度，其中最精采的，是位於牛頭上的眼睛鑲嵌著水晶，讓整座酒器顯得栩栩如生，推斷是西元前16世紀的作品。

公牛角是米諾安文明最明顯的象徵，同時也為牛頭人身怪物的神話多添了一筆神秘色彩。

◎象形文字陶板Phaistos Disc

這個圓形陶板上方雕刻的到底是不是一種古老的文字？至今仍然是個謎。大約是西元前17世紀的產物，但是陶板的發現，還是令考古學家非常興奮，因為如果證實刻文為一種文字的話，人類書寫的歷史又可再往前推進一步。

米諾安王國工藝技術高超，製造許多非常漂亮且精緻的珠寶飾品。

◎持蛇女神像Snake Goddess

持蛇女神像出土於克諾索斯遺跡，根據推測大約出現於西元前16世紀。在米諾安文明的記載中，蛇象徵生殖和繁衍，因此這座雕像可能與繁衍子孫有關。

◎黃金蜜蜂墜飾

這個黃金蜜蜂墜是珠寶飾品中最經典的代表作，蜜蜂身軀上細膩的紋路，連現代的的金屬工藝都望塵莫及，製造年代約可回溯到西元前17世紀。

聖米納斯教堂是島上規模最大、最美麗的教堂。

陽光透過彩繪玻璃照射進來，在各處形成美麗的光影。

 聖米納斯教堂Agios Minas

聖米納斯是伊拉克里翁的守護神，位於市中心西南隅的聖米納斯教堂是這座城市的主教堂，建於1862到1895年間。教堂建築呈十字架結構，中央有一圓頂，再等距離向四方延伸；天花板布滿色彩鮮豔的宗教畫，是當地16世紀的名畫家Michael Damaskinos的傑作。

🚶從A巴士總站步行前往約15分鐘　🕐Agia Ekaterini square　💲免費

162

1866市場／中央市場
Heraklion Central Market

1866市場等於1866街，是伊拉克里翁最有生活味的地方，街上商店大部分是販賣一般生活所需的蔬菜水果、各式各樣的香料、橄欖油、堅果等；其中還有一些乳酪專賣店，供應各式各樣的乳酪，有些盛裝於大陶盆的家庭製優格稱斤賣，酸味十足，配上蜂蜜，就是一道非常可口的點心。

🚶從A巴士總站步行前往約12分鐘　📍1866 Str.
🕐各店家不一

在這裡都找得到。
陶製器皿、T恤等在地特色的紀念品

克諾索斯皇宮

北口North Entrance
王道Royal Road　劇場Theater
東側防禦堡 East Bastion
聖水池 Lustal Basin
巨形陶瓶之間 Giant Pithoi
倉庫 Magazines
祭壇 Altar
君王之窟 Throne Room
🚻商店入口
中庭 Central Court
東口 East Entrance
雙斧大廳 Hall of the Double Axes
西側庭院 Western Court
主階梯 Grand Staircase
皇后房間 Queen's Megaron
通往正殿階梯 Staircase to Upper Level
列隊壁畫走廊 Corridor of the Procession Fresco
皇后浴室 Queen's Bathroom
堅王走廊 Corridor of Priest King Fresco
南側入口 South Entrance
聖職者之家 High Priest's House
東南邊房舍 South-East House

🏛遺跡　🎭劇場　🚻商店

克諾索斯皇宮
Knossos／Κνωσ

📍P. 156　🚌從伊拉克里翁搭乘前往克諾索斯的2號巴士，車程約20分鐘，平均每20分鐘一班車　☎2810-231940
🕐11~3月08:30~17:00，4~10月08:00~20:00(9月至19:00、10月至18:00)　🚫1/1、3/25、5/1、12/25~26日、復活節　💰全票€15、半票€8；含伊拉克里翁考古博物套票€20，線上購票請至www.etickets.tap.gr　🌐odysseus.culture.gr/h/3/eh351.jsp?obj_id=2369　🎫3/6、4/18、5/18、10/28、9月最後一個週末免費

過去很長一段時間，都沒有相關證據可以證明

為紀念亞瑟·伊文斯歷史性的發現，在遺跡入口處為他立了一座雕像。

牛頭人身怪物Minotaur和大迷宮的故事，使得這些故事僅能以神話視之。一直到1900年，因英國考古學家亞瑟·伊文斯(Sir Arthur Evans)發現了克諾索斯遺跡，並持續挖掘出大量古物，才填補了這段歷史上的空白。它不但證實米諾安文明的存在，同時也因為出現於遺跡中的複雜大型宮殿和多層房間，讓大迷宮多了幾分真實性。

©wikimedia Olaf Tausch

163

Did YOU KnoW

雙斧標誌與迷宮之謎？！

在希臘神話中，由於米諾斯國王是天神宙斯和腓尼基公主歐羅巴的兒子，所以手握著象徵人間與神世雙重權利的「雙斧」，而在克諾索斯皇宮的大廳即有雙斧標誌，因此學者們普遍認為這就是傳說中米諾斯國王的雙斧皇宮，而希臘語稱雙斧為「λάβρυς」(lábrus)，其與迷宮「Λαβύρινθος」(labúrinthos)一詞十分相似，因此考古學者推斷傳說中用來困住怪物的大迷宮其實是用來表示「雙斧屋」，也就是米諾斯王宮。

©Flickr George M. Groutas

雅典人為什麼每年要「送餐」給Minotaur？
米諾安王米諾斯將一頭非常美麗、原本應該獻祭給海神的白色公牛納為己有，讓海神非常憤怒，於是設計米諾斯的妻子愛上這頭公牛，並產下一個牛頭人身的怪物Minotaur。為了不讓怪物危害人民，米諾安王只好建造一座大迷宮，讓怪物困在其中。

米諾斯國王得知兒子Androgeos被雅典人害死後，請求父親宙斯懲罰雅典，宙斯便讓雅典發生瘟疫和飢荒。雅典人為了不想被懲罰，只能答應米諾斯每年從雅典送來7男7女獻給怪物。後來，一位雅典的英雄泰修斯(Theseus)自願前來除害，在米諾斯的女兒Ariadne的幫助下殺死這個傳說中的怪物。

牛頭人身怪的傳說因為克諾索斯大量挖掘出來的牛頭符號而更加繪聲繪影。

從遺跡發現的複雜宮殿、多樓層的房間之後，更讓人相信大迷宮曾經存在。

列隊壁畫走廊
Corridor of the Procession Fresco

從西側入口進入遺跡，可以看見一道彩繪壁畫的走廊，稱為列隊壁畫走廊，壁畫上描繪捧著陶壺的青年，排成一列往前行進，因為這條走廊可以通往宮殿中庭，推測是記載奉獻禮品給國王的盛況。

獻禮的對象很可能是百合王子(Prince of Lilies)，現展示於伊拉克里翁的考古博物館中。

倉庫Magazines

經過正面玄關入口之後繼續往前走，會看到左手邊有一排排溝形的建築遺跡，這裡就是倉庫，可以看見在小間的倉庫儲存室中放置著一些陶罐，可能是用來儲存油、小麥種子、古物等。

這一類陶罐在考古博物館中還有更多，顯示當時的米諾安王國人口非常眾多。

皇后房間Queen's Megaron

從結構上可以發現，克諾索斯的宮殿以石塊與木材混合建成，在門中間的牆面上裝飾著非常美麗的花紋。皇后房間裡的海豚壁畫，淺藍色的海豚，周圍還有各色魚群一起游泳，可以說是整座遺跡中最迷人的一部份。

壁畫栩栩如生的景觀，顯示當時生活環境的講究。

在考古博物館裡還可以看到雕刻精美的浴缸。

皇后浴室Queen's Bathroom

參觀重點之一,因為從這裡可以看到克諾索斯宮殿建築的雛形,尤其是柱子,上面粗下面細的設計可能是為了顧及視覺上的平衡。柱子塗上鮮紅色漆,頂端以黑色裝飾。

這裡所看到的就是容納許多房間的樓層,現在看來只有4層,但原本應該更多。

主階梯Grand Staircase

通往下層的房間,這裡顯示出克諾索斯宮殿複雜的建築,據估計,整個宮殿有1,200間以上的房間,而且令人吃驚的是,這些房間經過設計,因而擁有極佳的採光。

王道Royal Road

這個位於北側入口的大坡道,推測是貨物進出的門,牆上的壁畫又是另一個精采之作,一幅戲牛圖,顯示3名男女與一頭公牛互相角力,似乎在表演特技。其他還有青鳥等色彩非常優雅的壁畫,目前同樣都存放於伊拉克里翁的考古博物館中。

N

舊威尼斯港
Old Venetian Port

雷西姆農要塞
The Fortress of
Fortezza Rethymnon

舊城區

Pey/Iherou Venzelou

Arkadiou

巴士站

←往哈尼亞   往伊拉克里翁→

愛琴海島嶼：克里特島

©wikimedia C messier

雷西姆農

Rethymnon／Ρέθυμνο

⛰P. 156　🚌從伊拉克里翁的A巴士總站搭長途巴士,車程約1.5小時;從哈尼亞搭長途巴士,車程約1小時15分鐘　🌐www.rethymno.gr

　　雷西姆農的歷史可以追溯至4,500年前,不同角落則可找到一些拜占庭教堂與修道院、威尼斯時期留下的迷人遺跡。但是在威尼斯人入侵前,這裡還未形成城市的規模;威尼斯人在這裡建造防禦工事,開始修築城牆。17世紀落入土耳其人手中,教堂被改建成清真寺、房屋上層增加了往外延伸的木質陽台等,產生了混血風格。

雷西姆農整體感覺就是個非常怡人的「小鎮」，背山面海環境優雅。

光是在舊城區信步閒晃、欣賞不同時代留下的建築遺跡就很有趣。

 舊威尼斯港
Old Venetian Port

濱海的Eleytheriou Venizelou平直寬闊，大道上綠樹成蔭，順著西邊燈塔的方向走去，就走進風平浪靜的舊威尼斯港。港口海鮮餐廳林立，每一家都會把當天最棒的漁獲展示在店頭，不如坐下來喝杯飲料、或是現挑海鮮請大廚烹調，準備享受一番海鮮大餐，以及悠閒的度假風情。

🚌 從長途巴士總站步行前往約10分鐘

與大自然巧妙結合的裝置藝術，視覺上很有法國蔚藍海岸尼斯、坎城般的慵懶氣息。

鄂圖曼土耳其人將尼古拉主教座堂(Cathedral of St. Nicolas)改為蘇丹易卜拉欣清真寺(Mosque of Sultan Ibrahim)。

城牆內僅剩廢墟，還能看到當年威尼斯人所建時的大致規模。

城牆上居高臨下，眺望港景視野很迷人。

 雷西姆農要塞
The Fortress of Fortezza Rethymno

15世紀時的海上強權威尼斯人打算把雷西姆農作為伊拉克里翁和哈尼亞之間的中繼站，所以開始興建港口，促成雷西姆農日漸繁榮。16世紀初葉，土耳其人進犯克里特島，當時的舊城牆並不堅強，1571年還是被敵人征服摧毀。

不過，威尼斯人建造這座堡壘並非為了當地人，而是以庇護威尼斯人為首要考量，所以城牆內幾乎都是一些公共設施，包括好幾座天主教堂，沒有居住的地方，萬一敵人入侵，絕大部分居民還是被擋在城牆外。

🚌 從長途巴士總站步行前往約15分鐘　⛰ The hill of Paleokastro　☎ 2831-028101　🕐 08:00~19:15　💵 全票€5

愛琴海島嶼：克里特島

哈尼亞

圖例	
❶ 遊客中心	❶ 飯店 ❺ 景點
❶ 巴士站 ❶ 博物館 ❺ 銀行
❶ 計程車 ❶ 餐廳 ❶ 郵局

燈塔

海洋船業博物館
Maria's Room

←往Nea Chora
海灘

威尼斯港
Venetian Port

舊市街

米諾安渡輪公司
Minoan Lines

艾琳飯店
Hotel Irene

清真寺
Mosque of the Janissaries

渡輪公司
ANEK Lines
ANEK

Sukiyaki

餐廳Tholos

Hotel Astor

Amphora Hotel
Amphora Restaurant

老古學
博物館

Pension Fidias

Skrydiol 路(皮件街)

民族博物館

Diktynna Hotel

市立市場
Municipal Market

Creta
Bank

Alpha Credit Bank

Plateia 1886
1886廣場

計程車站

Samaria
Hotel

遊客服
務中心

National Bank
of Greece
希臘國家銀行

往伊拉克里翁
薩馬利亞峽谷公車站

郵局

新市街

◉ P. 156
◉ 從伊拉克里翁前往哈尼亞車程約2小時45分鐘，平均每小時1班車；從雷西姆農前往哈尼亞車程約1小時15分鐘，平均每小時1班車 ◉ www.chania.gr

哈尼亞是克里特島上最具有威尼斯風情的一座都市，尤其是在舊港灣一帶，許多老式建築環繞著近乎圓形的港灣，保存下來後如今紛紛改建成餐廳和民宿。

漫步舊城，就有如一趟當地的歷史回顧。石板路的街道上有市政廳、東正教堂、米諾安文明時期的遺址、多座天主教堂和威尼斯時期的修道院等。不妨爬上舊城牆的斷壁殘垣，有很不錯的展望視野；或拜訪考古博物館、民俗博物館等，對當地文化有更深入的認識。

Skridlof路(皮件街)上可以買到手工製作的皮衣、皮包、皮拖鞋等皮件。

販賣各種克里特島特產的市立市場，讓哈尼亞成為克里特島的購物天堂。

這裡明明是希臘，怎麼到處都叫威尼斯？
威尼斯共和國從7世紀開始便是地中海強權，愛琴海區域的沿岸及島嶼都是他們海外貿易的殖民據點。他們於1212年正式統治克里特島，400多年的統治期間，克里特島的經濟及文化快速發展，而且威尼斯人喜愛在殖民地大興土木，因此克里特島上到處留有威尼斯式建築或堡壘，當然也就以威尼斯命名，到今日成為吸引遊人們的特殊風景！

愛琴海島嶼：克里特島

愛琴海島嶼：克里特島

威尼斯港
Venetian Port

舊城的最北端，就是氣氛浪漫的威尼斯港，港邊散落著17世紀中葉的Kioutsouk Hasan清真寺(Mosque of Kioutsouk Hasan)、軍火庫、船廠等，以及無數的餐廳、紀念品店、路邊攤。

從長途巴士總站步行約10分鐘 Akti Topazi Str.、Akti Enoseos Str.、Akti Kountourioti

威尼斯燈塔(Venetian Lighthouse)於16世紀末由威尼斯人所建，到了1830年代又由埃及人重建。

1913年克里特正式加入希臘時，希臘國旗就開始在最西邊的費卡斯城堡(Firkas Castle)上飄揚。

城堡裡目前是克里特海事博物館(Maritime Museum of Crete)的所在地。

Nea Chora海灘
Nea Chora Beach

Nea Chora海灘規模不大，是距離哈尼亞市區最近、最方便的海灘，從市區順著海邊向西走就可走到，如果懶得在交通上大費周章，就近在此即可躍入愛琴海。海灘的旁邊還有一個風帆教學中心，經常可看到小朋友們在灣澳裡練習掌控風帆。

從長途巴士總站步行約15分鐘 Akti Papanikoli

碧海藍天下點點白帆，煞是好看。

哈尼亞最吸引人的室內市場興建於1913年，裡面有大約70家商鋪。

半透明的屋頂可以透入自然光，所有當地的特產幾乎都可以在這裡找到。

市立市場
Municipal Market

從主要道路Gianari的入口進去，兩邊先看到一些傳統的醃漬物專賣店、乳酪專賣店等生活基本食品，這些都是當地人最常光顧的地方，接下來，就開始一整排賣蜂蜜的商店，過了十字交叉點之後，幾乎整都是供應香料、蜂蜜、橄欖製品、酒等克里特島的特產，當然，此區也常被觀光客擠得水洩不通。

從長途巴士總站步行約8分鐘；從威尼斯港步行前往約6分鐘 Gianari Str. 閉館維修中

這裡的橄欖、蜂蜜，品質非常優良而且比雅典便宜。如果不嫌重，還可以帶瓶Ouzo酒或Raki烈酒回去。

島上餐廳提供豐富的**海鮮料理**，最適合搭配一杯**克里特島特產Raki酒**了！

飽餐一頓

每桌用餐之後，都會免費招待島上特產的餐後酒Raki和一種油炸的甜點。

雖然店看起來有些老舊，又沒什麼裝潢，但是隨時都高朋滿座。

伊拉克里翁

A Little Wine A Little Sea (Ligo Krasi, Ligo Thalassa)
克里特式傳統料理&海鮮

炸／烤海鮮
€15起
推薦菜

🏠 **Lohagou Marineli Ioanni & Mitsotaki Square 18 Agglon**

就在威尼斯港(Venetian Port) 口對面街角的Ligo Krasi, Ligo Thalassa，是一家非常道地的克里特風情濱海小酒館，不只觀光客慕名而來，當地人更多，用餐氣氛輕鬆，價格也平易近人。在此用餐，還能欣賞威尼斯港的海景，網路上評價頗高。

 P.158 🚶 從A巴士總站步行前往約8分鐘 ☎2810-300501 🕐09:00~01:00 🌐www.ligokrasiligothalassa.gr

---

伊拉克里翁

Veneto 1860
精緻傳統希臘料理

慕莎卡€13.5
蕃茄肉丸
€13.5
推薦菜

🏠 **Epimenidou 9, Iraklio**

這家位在介於港口和鬧區之間小巷裡的餐館兼咖啡廳，從1996年開始營業，餐廳位於一幢新古典式建築的二樓，內部裝潢布置得相當典雅，而戶外剛好可以眺望威尼斯港帆檣雲集和庫勒斯宰塞的景致，視野很不錯。整體環境雖然高雅，但價格並沒有比其它餐廳貴，在伊拉克里翁想要享受精緻的一餐，不妨到Veneto來。

P.158 🚶從A巴士總站步行前往約5分鐘 ☎2810-223686 🕐10:00~24:00

哈尼亞

Amphora Restaurant
克里特家常菜

🏠 **akti kountourioti 49, Chania**

橄欖油拌野菜
€6
海鮮義大利麵
€14
推薦菜

飯後還會招待Raki酒和酸乳甜點。

這家Amphora餐廳就位於Amphora飯店的樓下，主廚擅長各式各樣的克里特家常菜，海鮮品質也很新鮮，是口味、價位和服務各方面都令人感到滿意的餐廳，連當地人都賞光。此外，它坐擁威尼斯港頗舒適的賞景角度，黃昏的時候先坐下來喝杯飲料、等待夕陽，之後再享用一頓豐盛的晚餐，為一天畫下美麗的句點。

P.167 🚶從長途巴士總站步行約10分鐘 ☎28210-71976 🕐12:00~24:00 🌐www.amphora.gr

彷彿穿越到中世紀，回到那個騎士當道的時代…

王牌景點 ❸

造訪羅德島理由

❶ 中世紀古城

❷ 三種宗教的文化痕跡

❸ 1988年被列為世界遺產

愛琴海島嶼：羅德島

👁 MAP P.124

羅德島
Rhodes (Ródos)／Ρόδος

羅德島為多德卡尼薩群島(The Dodecanese)中最具人氣的島嶼，該島最具規模的城市羅德市，最早的建城歷史可回追溯到西元前408年，但經過幾度地震、戰爭的破壞，現在所呈現的羅德舊城風貌，主要是14世紀時，由聖約翰騎士軍團所建。在城牆包圍的舊城中，可以看見昔日的騎士團長宮殿，以及展示羅德島美神的考古博物館。

羅德島

愛琴海
Aegean Sea

機場✈ 羅德市 ● Kalithea Thermi Beach
Rhodes

伊阿利所斯 ● Farilaki
Ialyssos ◎ Afantou

Kamiros 🏛 ◎ Kolymbia Beach

Rhodes ◎ Tsambikas Beach
◎ Stegna Beach

摩諾利索斯堡 阿卡米提斯山
Castle of 🏛 ▲ Mt.Akramytis Vlyha Bay
Monolithos Monolithos

林多斯 🏛
Lindos

● Genadi

N

帕索尼西海
Cape Prasonisi

🏛遺跡 🏰城堡 ✈機場
◎海灘 ▲山

170

怎麼玩羅德島才聰明？

居高臨下的最佳視野

目前所看到的鐘樓，是十九世紀重新建築後的模樣。

這座拜占庭風格的鐘樓(Roloi)雖然最初建於7世紀，沿著陡峭的樓梯攀爬而上，就可以居高臨下360度環顧整個羅德島舊城區，賞完美景下樓後還可以到吧台來杯飲料解渴，買票後拿到的門票可別丟掉，憑門票可抵飲料的費用喔！

至少預留時間
就是來度假
來一趟旅程不容易，多留幾晚吧…

飛機
羅德島的機場位居羅德市西南方14公里處，每天從雅典約有7班飛機前往，航程約1小時。
機場往返市區交通
從羅德島的機場可搭乘每半小時1班的巴士前往市區，車程約30分鐘，或是可搭乘計程車前往。

渡輪
從皮瑞斯每天有2班渡輪前往羅德島，依季節而有不同，航程約需18小時。另外，克里特島的伊拉克里翁每週也有船班前往羅德島，淡季船班非常少，有時每週只有一班，排行程需特別注意，船程約需11小時。
碼頭往返市區交通
羅德島港口位於羅德市的舊城區，由此步行方式前往市區各大景點都相當方便。

DID YOU KNOW

消失的羅德島太陽神巨像Colossus of Rhodes

傳說在西元前305年的時候，羅德島居民為了慶祝他們在對抗迪米士司(Demetrius)之役大勝，將所有青銅武器熔掉，再加上9噸的銀，鑄成了一座34公尺高的Helios太陽神像。這個浩大的工程由愛琴海著名建築師卡雷斯(Chares)負責，前後共花了12年的時間，才在西元前280年完成。然而西元前224年的一場大地震，讓巨像從西側斷裂，並倒向前方的陸地，成為古代七大奇景中壽命最短的一個。如今再也看不到那尊巨像，不過當年巨像究竟矗立於何處至今仍有爭議，羅德島舊城前的港口是說法之一。

見證了多次政權交替的羅德島，
保存了回教、拜占庭、猶太教的文化痕跡…

羅德市
Rhodes (Town)／Ρόδος

📍P.170 🌐www.rhodes.gr

羅德市舊城是島上的必訪景點之一，石塊築起的城牆，最寬達12公尺，整個將舊城包圍起來。舊城內的街道狹窄曲折，房舍呈現中世紀的古典風格，裡頭坐落著回教清真寺、拜占庭教堂、猶太人教堂等不同的文化痕跡，呈現最豐富的樣貌，反映羅德島被許多不同民族統治過的歷史，也因此該城區於1988年被登錄為世界遺產。

猜猜羅德島的象徵是什麼～

羅德島最著名的傳說便是曾經存在的太陽神巨型雕像，雖然已經毀損消失，但後人在原址上立了一對雌雄鹿的青銅雕像代替，所以鹿也成為羅德島的象徵，甚至島徽就是一隻跳躍的鹿，連地上的水溝蓋也是可愛的鹿圖案，來到這裡不妨找一找吧！

伊波克拉特斯廣場
Plateia Hippocrates

伊波克拉特斯廣場位於當地最熱鬧的一條街——Sokratous路上，往往是觀光客逛累了之後的休息場所，同時也是羅德舊城中最明顯的一個地標。周圍有許多露天咖啡座和餐廳，每天都坐滿了觀光客，餐廳服務生總是熱情地招呼路過的遊人，廣場一角的階梯則是免費的休息之地，經常可見來自各國的年輕人聚集於此。

📍位於羅德港邊，從碼頭步行約10分鐘 🚇Sokratous Str.

廣場中央有一座噴泉Castellania Fountain，常常有鴿子圍在這裡喝水。

所有人必須通過城門才能進入舊城區，充分展現戰時的防禦功能。

©wikimedia Di5i43

像，是它最具代表性的標記。

廣場中央立著三隻海馬雕

附近的Kahal Shalom Synagogue是希臘境內歷史最悠久的猶太會堂。

©wikimedia Wonghinki

埃佛良馬蹄隆廣場
Plateia Evreon Martyron

這座廣場又稱為猶太廣場，因為從這裡往南延伸的區域，大部分是昔日猶太人居住的地方。在第二次世界大戰期間，許多居住在羅德島上的猶太人都被送往波蘭的奧斯威辛集中營，因此現在此區中央設有一個紀念碑，用以紀念戰爭中犧牲的猶太人。

住宅區中還有一座猶太會堂(Synagogue)，是附近居民做禮拜的地方，教堂內牆壁呈淡藍色，沒有華麗的壁畫裝飾，顯得簡約樸素。猶太人區裡有幾家民宿，建築非常古老但房間都非常乾淨，大多是家族經營的，非常親切而有家庭的味道。

⊙位於羅德港邊，從碼頭步行約8分鐘 ◎Sokratous Str.

美神蹲跪在岸邊，雙手捧著柔軟的秀髮讓太陽曬乾，栩栩如生非常動人。

在騎士團長宮殿旁、太陽神廟遺跡中發現的太陽神Helios頭像。

羅德考古博物館
Archaeological Museum of Rhodes

羅德考古博物館設立於15世紀的騎士軍團醫院舊址上，整座建築本身就是一件非常美麗的展示品。在它展出的眾多古物當中，又以羅德島美神艾芙洛迪特(Aphrodite of Rhodes)的大理石雕像最為知名，該作品完成於西元前1世紀。大量彩繪陶器也是考古博物館的重要收藏之一，它們年代大多回溯到西元前9~5世紀之間。

⊙從伊波克拉特斯廣場步行前往約4分鐘 ◎Akti Sachtouri 8 ☎22413-65257 ◷4~10月08:00~20:00、11~3月08:30~15:30 ❂11~3月的週二、1/1、3/25、5/1、12/25~26、復活節週日 ❸全票€6(11~3月€3)、優待票€3；含考古博物館、騎士團長宮殿等之舊城景點套票全票€10 ⓦodysseus. culture.gr/h/1/eh151.jsp?obj_id=3312 ♨3/6、4/18、5/18、10/28、9月最後一個週末、國定假日免費

愛琴海島嶼：羅德島

羅德市

曼卓基港
Mandraki Harbour

N

Gate of Amboise

巴士站（往西）

巴士站

巴士站（往東）

Averof

遊客服務中心

騎士團長宮殿
Palace of the Grand Masters

Panetiou

清真寺
Mosque of Suleyman

羅德考古博物館
Archaeological Museum of Rhodes

Ermou

騎士團長街
Odos Ippoton
(Street of the Knights)

土耳其浴場
Turkish Bath

裝飾藝術博物館
Museum of Decorative Arts

埃佛良馬蹄隆廣場
Plateia Evreon Martyron

St Athanasius Gate

Eleftheria Gate
Arsenal Gate

拜占庭博物館
Byzantine Museum

Commercial Harbour

Marine Gate

Aristotelous

Catherines Gate

Martyron Evreon 廣場

Old Town

噴泉
Castellania Fountain

伊波克拉特斯廣場
Pl.Hippocrates

Synagogue

Koskinou Gate

◉景點 🏛博物館 🕌清真寺 ✝教堂
🅷飯店 🚌巴士站 ℹ遊客中心

173

土耳其澡堂
Turkish Bath

這座興建於18世紀的土耳其浴澡堂，是希臘境內難得一見的建築。羅德島上的土耳其浴傳統，源自於鄂圖曼土耳其帝國統治期間。

土耳其浴衍生自蒸氣浴，洗浴者首先在一間稱為暖房(Warm Room)的房間裡放鬆，接著在潑濺冷水到自己身上之前，先前往更熱的熱房(Hot Room)，然後洗淨全身並接受按摩，最後再到冷卻房(Cooling Room)中休息一段時間，如此才算完成整段洗浴過程。

◎從伊波克拉特斯廣場步行前往約4分鐘 ◎Platia Arionos

法國

義大利

每棟建築門上都鑲嵌著大理石家徽，用以區別國籍。

整條街上的建築在20世紀初由義大利人重建過，現在大部分房間為羅德市公家機關的辦公室。

騎士軍團街
Odos Ippoton (Street of the Knights)

騎士軍團街是羅德舊城裡另一個迷人的景點，從騎士團長宮殿一路通往港口，兩邊林立著石塊興建的房舍，在14世紀的時候當作各國騎士的集會室。在敵人入侵的時候，騎士們就會在中央的石板大道上集合，準備出擊。從建築上的家徽來辨認，當時有法國、義大利、西班牙、英國等騎士在此駐紮，但按照歷史敘述，應該還有德國的騎士軍團才完整，只是現在找不到相關遺址。

◎連接港口和騎士團長宮殿

聖約翰騎士軍團到底是何方神聖？

統治羅德島最久的就是聖約翰騎士軍團(The Knights of St John)，自1309年起共213年。聖約翰騎士軍團最早是在11世紀由羅馬的教會招集，在阿馬菲(Amalfi)成立，前往聖地耶路撒冷保衛朝聖者，軍團的任務原本應該是到達聖地之後轉為幫助窮人和病患的義工，但是後來軍事武裝越來越強，而且屢次介入異教徒的戰爭，最後因威脅當地政權而被驅逐出境，最後落腳於羅德島，成為護衛天主教勢力的最前線。一直到1552年，羅德島被回教蘇丹蘇里曼劃入鄂圖曼土耳其帝國的版圖。

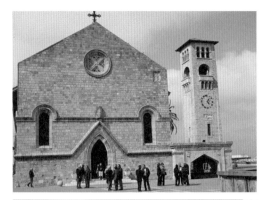

騎士團長宮殿
Palace of the Grand Masters

騎士團長宮殿建造歷史並不長久，1856年時，昔日的宮殿在某次彈藥走火的爆炸意外中全毀，現在看到的建築是後來義大利人重建的結果，室內的馬賽克鑲嵌地磚，許多都是從附近的柯斯島(Kos)遺跡中搬過來的。這座富麗堂皇的宮殿，原本用來當作莫索里尼和艾曼紐三世國王的別墅，現在則以博物館之姿對外開放。

從伊波克拉特斯廣場步行前往約5分鐘 Kleovoulou Square 22413-65270 4~10月週一~日08:00~20:00、11~3月週二~日08:00~15:00 全票€8、半票€4；含考古博物館、騎士團長宮殿等之舊城景點套票全票€10

梅杜莎廳Medusa Chamber

九位女神廳Chamber of The Nine Muses

圓柱大廳(Chamber With Colonnades)
以氣派的裝潢讓人印象深刻。

豹廳Leopard Chamber

青銅鹿雕像護衛著進出的船隻，這裡是欣賞夕陽最適宜的地點。

新城
New Town

新城大部分是現代化的市街，比較沒有什麼特別之處，但仍有幾個地方值得一看，其中曼卓基港口(Mandraki Harbour)有羅德市的象徵——一對雌雄鹿的青銅雕像矗立在港灣邊。

在曼卓基港口附近，有一棟圍成一圈的建築稱為新市場(New Market)，圓圈內外都有不錯的餐廳和商店。再往南直到海城門(Marine Gate)附近，有許多賣海綿的小攤，這些羅德島特有、品質優良的天然海綿，千萬不要錯過！

從伊波克拉特斯廣場步行前往約10~15分鐘

希臘：雅典 愛琴海島嶼

41
City Target

希臘：雅典.愛琴海島嶼/李美蒨, 墨刻
編輯部作. -- 初版. -- 臺北市：墨刻出版
股份有限公司出版：英屬蓋曼群島商
家庭傳媒股份有限公司城邦分公司發
行, 2024.12
176面 ; 16.8×23公分. -- (City target ;
41)
ISBN 978-626-398-137-9(平裝)

1.CST: 旅遊 2.CST: 希臘

749.59   113017325

作者 李美蒨・墨刻編輯部
攝影 墨刻編輯部
特約主編 李美蒨
美術設計 李英娟・董嘉惠（特約）
地圖繪製 墨刻編輯部

出版公司
墨刻出版股份有限公司
地址：台北市115南港區昆陽街16號7樓
電話：886-2-2500-7008／傳真：886-2-2500-7796
E-mail：mook_service@hmg.com.tw

發行公司
英屬蓋曼群島商家庭傳媒股份有限公司城邦分公司
城邦讀書花園：www.cite.com.tw
劃撥：1986813／戶名：書虫股份有限公司
地址：香港（香港）出版集團有限公司
電話：852-2508-6231／傳真：852-2578-9337
地址：41, Jalan Radin Anum, Bandar Baru Sri Petaling, 57000 Kuala Lumpur, Malaysia.
電話：(603)90563833／傳真：(603)90576622
E-mail：services@cite.my

製版・印刷 漾格科技股份有限公司
ISBN 978-626-398-137-9・978-626-398-136-2 (EPUB)
城邦書號 KV4041 初版2024年12月
定價380元

MOOK官網 www.mook.com.tw
Facebook粉絲團
MOOK墨刻出版 www.facebook.com/travelmook

版權所有・翻印必究

執行長 何飛鵬
PCH集團生活旅遊事業總經理暨墨刻出版社長 李淑霞

總編輯 汪雨菁
副總編輯 呂宛霖
採訪編輯 趙思語・李冠瑩・蔡嘉榛
叢書編輯 林昱霖
資深美術設計主任 羅婕云
資深美術設計 李英娟
影音企劃執行 邱茗晨
資深業務經理 詹顏嘉
業務經理 劉玫玟
行銷企畫經理 呂妙君
行銷企劃主任 許立心
業務行政專員 呂瑜珊
印務部經理 王竟為

U0094628